Boris Zalessky

Facetten einer nachhaltigen Partnerschaft. Teil I

Boris Zalessky

Facetten einer nachhaltigen Partnerschaft. Teil I

ScienciaScripts

Imprint

Any brand names and product names mentioned in this book are subject to trademark, brand or patent protection and are trademarks or registered trademarks of their respective holders. The use of brand names, product names, common names, trade names, product descriptions etc. even without a particular marking in this work is in no way to be construed to mean that such names may be regarded as unrestricted in respect of trademark and brand protection legislation and could thus be used by anyone.

Cover image: www.ingimage.com

This book is a translation from the original published under ISBN 978-3-330-19614-8.

Publisher:
Sciencia Scripts
is a trademark of
Dodo Books Indian Ocean Ltd. and OmniScriptum S.R.L publishing group

120 High Road, East Finchley, London, N2 9ED, United Kingdom
Str. Armeneasca 28/1, office 1, Chisinau MD-2012, Republic of Moldova, Europe
Printed at: see last page
ISBN: 978-620-7-39695-5

Copyright © Boris Zalessky
Copyright © 2024 Dodo Books Indian Ocean Ltd. and OmniScriptum S.R.L publishing group

Inhaltsübersicht

Globale Herausforderungen und parlamentarische Diplomatie

Im September 2016 wurde in der Republik Belarus das sechste Parlament gewählt. Die seitdem verstrichene Zeit hat gezeigt, dass einer der wichtigsten Bereiche seiner Tätigkeit eine deutliche Intensivierung der sogenannten "parlamentarischen Diplomatie" ist, die sich auf die Aufgaben "Diversifizierung der Märkte und Förderung belarussischer Waren und Dienstleistungen" stützen sollte[1] . Es sei daran erinnert, dass sich der Begriff "parlamentarische Diplomatie" auf eine Reihe von aktiven Aktionen des Parlaments, von Gruppen innerhalb des Parlaments oder von einzelnen Parlamentariern bezieht, um außenpolitische Ziele in Dialogformaten zu erreichen, sowie auf verschiedene Aspekte der internationalen Aktivitäten von Parlamentariern, die sowohl mit der Erfüllung der internationalen Verpflichtungen des Staates als auch mit der Förderung seiner verschiedenen außenpolitischen und außenwirtschaftlichen Initiativen zusammenhängen.

Es wird davon ausgegangen, dass die Dialogformate, die die gewählten Volksvertreter auf der internationalen Bühne aufbauen sollen, zur Suche nach wirksamen Strategien zur Lösung globaler und regionaler Probleme und Widersprüche beitragen können. Und wenn wir uns vor Augen führen, dass das heutige internationale Umfeld durch eine anhaltend erhöhte Instabilität und eine verstärkte Unsicherheit gekennzeichnet ist, die durch die laufenden globalen Transformationen und die negativen Auswirkungen traditioneller und neuer Herausforderungen und Bedrohungen verursacht werden, ist es leicht zu verstehen, warum heute "der Trend zur Zunahme der multifunktionalen Aktivitäten der Parlamente in den internationalen Beziehungen universell ist. Er erstreckt sich auf praktisch alle Staaten der Welt und die von ihnen geschaffenen interparlamentarischen Strukturen"[2] .

---

1 Internationale Tätigkeit von Abgeordneten sollte zum Wohl des Volkes beitragen - Andreychenko [Elektronische Ressource   ].   -.   2016. - URL: http://www.belta.by/politics/view/mezhdunarodnaja-aktivnost-deputatov-dolzhna-sposobstvovat-povysheniju-blagosostojanija-naroda-224872-2016/
2 Likhachev, V. Parlamentarische Diplomatie / V. Likhachev // [Elektronische Ressource]. - 2009. - URL: https://interaffairs.ru/jauthor/material/122

Bei der Beurteilung des gegenwärtigen Entwicklungsstandes der parlamentarischen Diplomatie sollten wir auch davon ausgehen, dass sie sich heute zunehmend auf nationale Interessen besinnt und beginnt, ernsthafte außenpolitische und wirtschaftliche Fragen zu behandeln. Und das ist durchaus verständlich, denn "die Rückbesinnung auf nationale Interessen und pragmatische Ansätze ist in vielerlei Hinsicht nicht nur eine Reaktion auf äußere Krisen, sondern auch ein logischer Schritt beim Überdenken der Methodik zur Verwirklichung <...> weltpolitischer Ziele"[3] . Die Intensivierung der parlamentarischen Tätigkeit in der internationalen Arena ist wiederum ein wichtiger Wachstumspunkt in der Entwicklung der Institution des Parlamentarismus selbst und der Etablierung des nationalen Parlaments als eines der Zentren der außenpolitischen Strategieentwicklung, denn "die Zunahme der Effektivität der parlamentarischen Diplomatie auf globaler Ebene ist in der Vergrößerung der Befugnisse, in der Ausweitung des geographischen Tätigkeitsbereichs und des Spektrums der zu behandelnden Themen zu beobachten".[4]

Mit anderen Worten, die parlamentarische Diplomatie ist ein Instrument, das es ermöglicht, die Methoden der Diskussion zu verbessern und günstige Bedingungen für die internationale Zusammenarbeit zu schaffen, sowohl im bilateralen als auch im multilateralen Format. Es ist wichtig, dass die Parlamentarier in der gegenwärtigen politischen und wirtschaftlichen globalen Realität organisch in das System der Umsetzung der Außenpolitik und der effektiven Entscheidungsfindung eingebettet sind und sich dabei auf die Stärkung der analytischen Komponente ihrer Arbeit stützen, da gerade die tiefgreifende Analyse der Situation in anderen Ländern ihre Suche nach möglichen Wegen zur Beeinflussung der Zivilgesellschaft zur Lösung bestehender Probleme der Interaktion effektiv machen kann.

---

3 Gawrilow, S. Die parlamentarische Diplomatie kehrt zu den nationalen Interessen zurück / S. Gawrilow.
Gavrilov //   [Elektronische Ressource   ]   .   2016.   -
URL:
http://185.37.61.231/news_rl/2016/04/26/parlamentskaya_diplomatiya_vozvrawaetsya_k_nacionaln
ym_interesam/
4 Kondrashova, E.V. Entwicklung des Parlamentarismus im Kontext der außenpolitischen Tätigkeit Russlands / E.V. Kondrashova // [Elektronische Ressource]. - 2008. - URL; http://www.lib.ua-ru.net/diss/cont/295367.html

In diesem Zusammenhang ist auch das Thema der Verbesserung der Informationsunterstützung der außenpolitischen Aktivitäten des nationalen Parlaments für die gezielte Gestaltung nicht nur seines internationalen Images, sondern auch des Landes als Ganzes relevant. Zumal "ein wichtiges Problem im Bereich der Information der übermäßige verschlossene Zugang zu Informationen und die übermäßige Geheimhaltung ist, könnten die der Presse vorgelegten Materialien durch die Spezifizierung der Tätigkeitsbereiche und die Liste einiger vorgeschlagener Initiativen erheblich erweitert werden"[5] .

Zu den wichtigsten Formen der außenpolitischen Aktivitäten der nationalen Parlamente gehören heute mehrere. Erstens die organisatorische und rechtliche Stärkung der internationalen Zusammenarbeit durch die Schaffung eines vertraglichen und rechtlichen Rahmens, die Verbesserung des Völkerrechts und die Verabschiedung von Erklärungen, Appellen und Entschließungen zu außenpolitischen Fragen. Zweitens die Stärkung der internationalen Sicherheit durch die Teilnahme von Parlamentariern an internationalen Konferenzen, Symposien, Diskussionen, runden Tischen, friedenserhaltenden Missionen und Wahlbeobachtungen in anderen Ländern. Drittens die Entwicklung der interparlamentarischen Zusammenarbeit durch internationale Treffen von Parlamentariern, persönliche Kontakte mit ausländischen Kollegen, Vertretern von Regierungs- und Nichtregierungsorganisationen.

Für das belarussische Parlament nimmt die interparlamentarische Zusammenarbeit einen besonderen Platz im System seiner außenpolitischen Aktivitäten ein, da "diese Form das größte Potenzial für die Verfolgung einer eigenen aktiven internationalen Politik sowie für die Unterstützung der offiziellen Diplomatie bei der Umsetzung außenpolitischer Initiativen beinhaltet"[6] . Zu den Prioritäten der belarussischen

5 Kondrashova, E.V. Entwicklung des Parlamentarismus im Kontext der außenpolitischen Tätigkeit Russlands / E.V. Kondrashova // [Elektronische Ressource]. - 2008. - URL; http://www.lib.ua-ru.net/diss/cont/295367.html
6 Gorelik, A.A. Außenpolitische Tätigkeit des belarussischen Parlaments unter modernen Bedingungen / A.A. Gorelik //   [Elektronische Quelle]   .   2016.   - URL: http://www.pac.by/ncatfiles/000038 786310 k Gorelik.pdf

parlamentarischen Diplomatie gehören Fragen der Krisenbekämpfung sowie die Förderung der internationalen Beziehungen der belarussischen Regionen in allen Bereichen.

Belarus-Kasachstan: Reserve - parlamentarische Diplomatie

Im März 2017 besuchte eine parlamentarische Delegation aus Kasachstan unter der Leitung des Vorsitzenden des Majilis des Parlaments N. Nigmatulin Belarus. Dieser Besuch unterstrich den gegenseitigen und höchst interessierten Wunsch von Minsk und Astana, das Instrumentarium der belarussisch-kasachischen Interaktion durch eine so effektive Form des Aufbaus des bilateralen Dialogs wie die parlamentarische Diplomatie zu erweitern. Im Rahmen zahlreicher Treffen kasachischer Parlamentarier auf belarussischem Boden wurde daher nicht nur die interparlamentarische Zusammenarbeit erörtert, sondern auch die Interaktion im Handels- und Wirtschaftsbereich, die Verbesserung des Rechtsrahmens und der Betrieb gemeinsamer Montagewerke in Kasachstan.

Die Einbeziehung der parlamentarischen Diplomatie in die Behandlung einer Reihe von Fragen im Zusammenhang mit der Partnerschaft zwischen Belarus und Kasachstan kommt zur rechten Zeit, und sei es nur aus dem Grund, dass die Parteien heute "Anstrengungen unternehmen müssen, um den Rückgang des Handels und der wirtschaftlichen Zusammenarbeit zu überwinden, sowohl auf bilateraler Ebene als auch innerhalb der Eurasischen Wirtschaftsunion"[7] . In der Tat erreichte der belarussisch-kasachische Handelsumsatz im Jahr 2014 mit fast einer Milliarde Dollar ein Rekordhoch. Doch bereits 2016 ging das Volumen des gegenseitigen Handels um mehr als das Doppelte zurück und belief sich auf 419,1 Millionen Dollar. Und obwohl die Handelsbilanz in diesem Fall aufgrund der Lieferung von belarussischen Traktoren und Schleppern, Milch und Milchprodukten, Maschinen und Mechanismen zum Ernten und Dreschen von Feldfrüchten, Lastwagen und Möbeln für Belarus positiv ausfiel, wird die vorrangige Aufgabe für die Parlamentarier der beiden Länder heute wie folgt formuliert: "eine wirksame gesetzgeberische Unterstützung für alle Entscheidungen und Vereinbarungen der Staatschefs sicherzustellen. <...> Eine

---

7 Treffen mit dem Vorsitzenden der Majilis des Parlaments von Kasachstan Nurlan Nigmatulin [Elektronische Quelle]. - 2017. - URL: http://president.gov.by/ru/news_ru/view/vstrecha-s-predsedatelem-mazhilisa-parlamenta-kazaxstana-nurlanom-nigmatulinym-15817/.

weitere wichtige Aufgabe ist es, an der Steigerung des Handelsumsatzes zu arbeiten"[8]
.

Es sei darauf hingewiesen, dass das wichtigste Dokument für die praktische Entwicklung der bilateralen Beziehungen zwischen Belarus und Kasachstan der zwischenstaatliche Aktionsplan für 2017-2018 ist, der alle Bereiche der Interaktion abdeckt, einschließlich Handel und Wirtschaft, Wissenschaft und Technik, Kultur, humanitäre und regionale Fragen. In Übereinstimmung mit diesem Dokument haben sich die Parteien die Aufgabe gestellt, das Niveau des Handelsumsatzes von 2014 wiederherzustellen und es in naher Zukunft sogar zu übertreffen. Und bestimmte Schritte in diese Richtung werden bereits unternommen.

Kasachstan hat bereits die Montage von Steinbruch- und Bergbaumaschinen des belarussischen Automobilwerks sowie von belarussischen Traktoren, Getreide- und Feldhäckslern, Lastenaufzügen und Feuerlöschgeräten organisiert. Derzeit sind insgesamt 8 gemeinsame Montagewerke für belarussische Maschinen und Ausrüstungen in diesem Land in Betrieb. Die Parteien arbeiten an der Gründung von 6 weiteren Montagewerken"[9] . Insbesondere das Pinsker Kleinmechanisierungswerk und Dorelectromash planen, sich auf belarussischer Seite zu beteiligen. Darüber hinaus wird die Zusammenarbeit im industriellen Bereich sehr bald durch die Schaffung des belarussisch-kasachischen Industrie- und Technologieparks in Kokshetau ausgeweitet werden. Und Anfang 2017 wurde im Werk von Astana Motors in Almaty die Produktion von Lastkraftwagen unter der Marke Minsk Automobile Plant aufgenommen. Wichtig ist, dass "das Projekt für die Produktion von MAZ in Kasachstan nicht nur die Großserienmontage von Lkw vorsieht. Schon jetzt liegt der Anteil der lokalen Komponenten bei 30 %. Bis zum Ende dieses Jahres

8 Andreychenko und Nigmatulin vereinbarten einen aktiveren Erfahrungsaustausch bei der Rechtsetzung [Elektronische Ressource   ]   .   2017. - URL: http://www.belta.by/politics/view/andrejchenko-i-nigmatulin-dogovorilis-aktivnee-obmenivatsja-opytom-v-zakonotvorcheskoj-sfere-237815-2017/
9 Die parlamentarische Delegation von Kasachstan ist in Weißrussland eingetroffen [Elektronische Quelle]. - 2017. - URL: http://www.belta.by/politics/view/parlamentskaja-delegatsija-kazahstana-pribyla-v-belarus- 237708-2017/

wird dieser Wert für die Lokalisierung der Produktion auf 50% steigen"[10] .

All diese Fakten deuten darauf hin, dass die Parteien eine sichere Grundlage für die Entwicklung und Verabschiedung des Programms der sozialen und wirtschaftlichen Zusammenarbeit zwischen Belarus und Kasachstan bis 2026 geschaffen haben, das im August 2017 unterzeichnet werden soll. In diesem Dokument, das von den Parlamentariern beider Länder vorangetrieben wird, können und sollen sowohl die bereits gestarteten Projekte zur Schaffung eines Industrie- und Technologieparks für Land- und Kommunalmaschinen, zur gemeinsamen Montage von kommunalen Muldenkippern auf der Basis des Minsker Automobilwerks und von Lidagroprommasch-Mähdreschern als auch die noch in der Entwicklung befindlichen Projekte ihre Fortsetzung und Entwicklung finden. Insbesondere könnte dieses Programm "gute Aussichten für die Zusammenarbeit bei Drohnen, die Interaktion in der Raumfahrtindustrie"[11] , sowie die Beteiligung der belarussischen Seite an der Umsetzung einer groß angelegten Initiative des kasachischen Staatschefs N. Nasarbajew zur dritten Modernisierung des Landes eröffnen. Es sei daran erinnert, dass der kasachische Staatschef Ende Januar 2017 fünf Hauptprioritäten für die Reform der kasachischen Wirtschaft dargelegt hat, deren Umsetzung ein Wachstum über dem globalen Durchschnitt und einen nachhaltigen Aufstieg in die Top 30 der fortgeschrittenen Länder gewährleisten wird. Die erste Priorität ist die beschleunigte technologische Modernisierung"[12] , in deren Rahmen das Programm "Digitales Kasachstan" geschaffen werden soll, bei dem die Arbeit belarussischer Fachleute bei der breiten Einführung von Elementen der vierten industriellen Revolution wie Automatisierung, Robotisierung und künstliche Intelligenz genutzt werden kann.

---

10 Belarussische Produkte sind bei den Verbrauchern in Kasachstan gefragt - Nigmatulin [Elektronische Quelle]. - 2017. - URL: http://www.belta.by/economics/view/belorusskaja-produktsija-polzuetsja-sprosom-u-potrebitelej-v-kazahstane-nigmatulin-237925-2017/
11 Treffen mit der parlamentarischen Delegation von Kasachstan [Elektronische Ressource]. - 2017. - URL: http://www.government.by/ru/content/7109
12 Muminov, A. Nursultan Nasarbajew nannte fünf Prioritäten der Modernisierung Kasachstans / A. Muminov // [Elektronische Ressource]. - 2017. - URL: http://www.abctv.kz/ru/news/nursultan-nazarbaev-nazval-pyat-prioritetov-modernizacii-ka

Belarus-Pakistan: von der parlamentarischen Diplomatie zu konkreten Projekten

Pakistan gehört zu den asiatischen Staaten, deren Beziehungen zur Republik Belarus sich in den letzten Jahren besonders intensiv entwickelt haben. Zwei Besuche des belarussischen Staatsoberhauptes in Pakistan in den Jahren 2015 und 2016 sowie Austauschbesuche der Premierminister N. Sharif und A. Kabiakoŭ im August und November 2015 zeigten, dass sich die bilateralen belarussisch-pakistanischen Beziehungen grundlegend verändert haben. Der angenommene Fahrplan für die kurz- und mittelfristige Zusammenarbeit zwischen Belarus und Pakistan "sieht vor, den gegenseitigen Handelsumsatz bis 2020 auf 1 Mrd. USD zu steigern"[13].

Im Jahr 2017 kamen die Parteien zu der Erkenntnis, dass "ein regelmäßiger Austausch zwischen Parlamentariern notwendig ist, um die Zusammenarbeit zu vertiefen. Es sind die Parlamente, die als wichtige Bindeglieder bei der Herstellung von Kontakten zwischen den Menschen, der Vertiefung des gegenseitigen Verständnisses und der Entwicklung einer für beide Seiten vorteilhaften Zusammenarbeit dienen"[14]. Aus diesem Grund haben das Repräsentantenhaus der Nationalversammlung von Belarus und die Nationalversammlung des Parlaments von Pakistan im April 2017 eine gemeinsame Erklärung und eine Absichtserklärung unterzeichnet, in der es heißt, dass "die Entwicklung einer vollwertigen Zusammenarbeit ohne die Einrichtung und den Ausbau eines wirksamen interparlamentarischen Dialogs unmöglich ist"[15].

---

13 Grischkewitsch, A. Weißrussland und Pakistan können den gegenseitigen Handelsumsatz bis 2020 auf 1 Milliarde Dollar steigern - Vovk / A. Grischkewitsch // [Elektronische Quelle]. - 2017. - URL: http://www.belta.by/politics/view/belarusi-i-pakistanu-po-silam-narastit-vzaimnyj-tovarooborot-do-1-mlrd-k-2020-godu-vovk-239082-2017/.
14 Die Beziehungen zwischen Pakistan und Weißrussland haben sich in den letzten Jahren in einem noch nie dagewesenen Tempo entwickelt - Sharif   [Elektronische Ressource   ]   . 2017.   - URL: http://www.belta.by/politics/view/otnoshenija-pakistana-i-belarusi-v-poslednie-gody-razvivajutsja-bespretsedentennymi-tempami-sharif-242294-2017/
15 Belarus und Pakistan erklärten die Bedeutung der Zusammenarbeit im Bereich des agroindustriellen Komplexes [Elektronische Ressource]. - 2017. - URL: http://www.belta.by/economics/view/belarus-i-pakistan-zajavili-o-   vazhnosti-sotrudnichestva-v-sfere-apk-241978-2017/.

Es sei darauf hingewiesen, dass das Potenzial für eine Ausweitung der derzeitigen belarussisch-pakistanischen Interaktion auf der Erkenntnis beruht, dass die Wirtschaft dieses asiatischen Landes wächst und große Investitionsmöglichkeiten in den Bereichen Landwirtschaft, Agroindustrie, Pharmazie, Leichtindustrie, Maschinenbau sowie Öl und Gas bietet. Und in einigen dieser Bereiche wurden in letzter Zeit konkrete Schritte für eine effektive Zusammenarbeit mit Belarus unternommen. So kündigte die pakistanische Seite erst Ende März 2017 ihre Absicht an, ein Investitionsprojekt zur Eröffnung eines Montagewerks für belarussische Traktoren, die hier bereits gut bekannt sind, in der Provinz Punjab umzusetzen.

Es sei daran erinnert, dass das Minsker Traktorenwerk 1955 mit der Lieferung von Maschinen nach Pakistan begann. Seitdem hat es mehr als 130.000 Maschinen nach Pakistan exportiert. Im Jahr 2015 eröffnete das Orient Tractor Werk ein Montagewerk in diesem Land, um belarussische Maschinen zu produzieren - etwa viertausend Traktoren jährlich. Aber "heute wird der Traktorenbestand in Pakistan auf 700 Tausend Maschinen geschätzt. Die jährliche Marktnachfrage liegt bei 85-90 Tausend Traktoren"[16] . Deshalb gibt es Grund zu der Annahme, dass das neue Projekt der Montage von belarussischen Landmaschinen den Beteiligten echte Vorteile bringen wird. Darüber hinaus hat die belarussische Seite ihren pakistanischen Partnern bereits angeboten, sich nicht auf die Montage von Traktoren zu beschränken, sondern die lokalen Landwirte mit Maschinen und landwirtschaftlichen Technologien zu beliefern. In Zukunft wird das Joint Venture im Bundesstaat Punjab nicht nur Landmaschinen, sondern auch Kommunalmaschinen montieren.

Kürzlich erhielt das Thema der Entwicklung der bilateralen Zusammenarbeit im agroindustriellen Sektor einen starken Impuls während des ersten gemeinsamen belarussisch-pakistanischen Agrarforums, das im April 2017 in Pakistan stattfand und an dem eine repräsentative Delegation unter der Leitung des Vorsitzenden des Repräsentantenhauses der Nationalversammlung von Belarus, V. Andreichenko,

---

16 Pakistan ist bereit, in die Errichtung eines neuen Montagewerks für BELARUS-Traktoren zu investieren [Elektronische Quelle]. - 2017. - URL: http://www.belta.bv/economics/view/pakistan-gotov-investirovat-v-sozdanie-novogo-sborochnogo-proizvodstva-traktorov-belarus-240149-2017/.

teilnahm. Im Rahmen dieser wegweisenden Veranstaltung nannte die belarussische Seite die wichtigsten Prioritäten der bilateralen Zusammenarbeit im Agrarsektor, darunter "die Steigerung des gegenseitigen Umsatzes, der Aufbau gemeinsamer Verarbeitungsindustrien, der Austausch fortschrittlicher Errungenschaften in der Agrarwissenschaft und die Organisation gemeinsamer Personalschulungen"[17] .

So wird die **Steigerung des gegenseitigen Handelsumsatzes** durch die Intensivierung der Exporttätigkeit solcher belarussischer Hersteller wie OJSC Polotsk Dairy Plant, OJSC Vitebsk Broiler Poultry Farm, OJSC Orsha Meat Canning Plant auf dem pakistanischen Markt erleichtert werden, CJSC Meat and Milk Company, LLC Biocom, OJSC Agrocombinat Dzerzhinsky, OJSC Lidselmash, OJSC Gomselmash, die ihr Produktions- und Technologiepotential auf dem ersten gemeinsamen Agrarforum demonstrierten. Was die Entstehung **neuer gemeinsamer Produktionen betrifft, so geht es um** die "Schaffung von Unternehmen für die Geflügelfleischverarbeitung, den Bau von Gewächshäusern und Getreidetrocknungskomplexen"[18] , da die Parteien bereits über gute Erfahrungen bei der Planung des Baus und der Ausrüstung von Viehzuchtanlagen, Obst- und Gemüselagern und Gewächshauskomplexen verfügen. Was den **Austausch fortgeschrittener Errungenschaften im Bereich der Agrarwissenschaften betrifft, so** dürfte die im April 2017 unterzeichnete Absichtserklärung und Zusammenarbeit zwischen der Belarussischen Staatlichen Technischen Agraruniversität und der Agraruniversität von Faisalabad zusätzliche Möglichkeiten bieten.

---

17   Andreychenko zu den Prioritäten der Zusammenarbeit mit Pakistan: Steigerung des Handelsumsatzes und Gründung von Joint Ventures [Elektronische Ressource   ]. -.
2017.   - URL:
http://www.belta.by/economics/view/andrejchenko-o-prioritetah-sotrudnichestva-s-pakistanom-naraschivanie-tovarooborota-i-sozdanie-sp-242175-2017/
18 Weißrussland und Pakistan beabsichtigen die Gründung von Joint Ventures [Elektronische Ressource]. - 2017. - URL: http://www.belta.by/economics/view/belarus-i-pakistan-namereny-sozdavat- sovmestnye-predprijatija-242021-2017/.

Belarus-Malaysia: Die interparlamentarische Zusammenarbeit ist die Grundlage der Beziehungen

Malaysia ist ein Staat in Südostasien, den die Republik Belarus als einen wichtigen und vielversprechenden Partner in der Region ansieht, dessen Potenzial für die Zusammenarbeit noch nicht ausgeschöpft ist. Im Jahr 2015 lag dieses Land bei den belarussischen Exporten auf Platz 25 aller Handelspartner von Belarus. Damals belief sich das Volumen der gegenseitigen Lieferungen auf fast 160 Millionen USD mit einem positiven Saldo von 65,1 Millionen USD für die belarussische Seite. Im Jahr 2016 setzte sich dieser Trend nahezu fort: Über zehn Monate hinweg beliefen sich die Ausfuhren von Belarus nach Malaysia auf über 85 Millionen US-Dollar mit einem Überschuss von vierzig Millionen Dollar. Der Löwenanteil der belarussischen Lieferungen entfiel jedoch auf Kalidünger, was verständlich ist, da Malaysia einer der größten Verbraucher von Kaliumchlorid in Südostasien ist. Im Jahr 2015 wurden 406,9 Tausend Tonnen dieser Düngemittel im Wert von 109,5 Millionen Dollar importiert, im Jahr 2016 waren es 546,2 Tausend Tonnen im Wert von 104,6 Millionen Dollar. Allein diese Fakten zeigen, dass die Parteien im Bereich des Handels und der wirtschaftlichen Zusammenarbeit noch Spielraum für eine Diversifizierung der gegenseitigen Lieferungen haben. Zu diesem Zweck müssen jedoch die wirksamsten Mechanismen der bilateralen Zusammenarbeit festgelegt werden.

Minsk hat dazu eine eigene Meinung, die allerdings auch in Kuala Lumpur geteilt wird: "Die interparlamentarische Zusammenarbeit sollte einer der Eckpfeiler im Fundament der belarussisch-malaysischen Beziehungen werden"[19] . Und allem Anschein nach unternehmen die Parteien bereits konkrete Schritte zur Erreichung dieses Ziels. Bereits im Februar 2013 richtete die Nationalversammlung der Republik Belarus eine Arbeitsgruppe zur Zusammenarbeit mit dem malaysischen Parlament

---

19 Treffen mit dem Sprecher des Repräsentantenhauses des Parlaments von Malaysia Pandikar Amin Mulia [Elektronische Quelle]. - 2016. - URL: http://president.gov.by/ru/news ru/view/vstrecha-   so-spikerom-palaty-predstavitelej-parlamenta-malajzii-pandikarom-aminom-mulia-15126/.

ein. Im Gegenzug gründete das malaysische Parlament im April 2014 die malaysisch-belarussische parlamentarische Freundschaftsgruppe, deren Vertreter unter der Leitung des stellvertretenden Sprechers des Repräsentantenhauses R. Kiandi im August desselben Jahres nach Minsk kamen, wo sie mit ihren belarussischen Kollegen eine der wichtigsten Aufgaben der belarussisch-malaysischen Partnerschaft formulierten: "Die beiden Länder müssen einen rechtlichen Rahmen für die Zusammenarbeit schaffen und entwickeln.[20] .

Unmittelbar danach begannen die Arbeiten an einer ganzen Reihe von Entwürfen für bilaterale Abkommen: über die wirtschaftliche, wissenschaftliche, technische und kulturelle Zusammenarbeit; über die Förderung und den gegenseitigen Schutz von Investitionen; über die Zusammenarbeit bei der Verbrechensbekämpfung; über die gegenseitige Abschaffung von Visa; über die Zusammenarbeit im juristischen Bereich; über die militärisch-technische Zusammenarbeit; über die Zusammenarbeit zwischen der Belarussischen Industrie- und Handelskammer und der Nationalen Industrie- und Handelskammer von Malaysia; über die Zusammenarbeit zwischen der Minsker Niederlassung der Belarussischen Industrie- und Handelskammer und der Internationalen Handels- und Industriekammer; über die Zusammenarbeit zwischen der Belarussischen Industrie- und Handelskammer und der Nationalen Industrie- und Handelskammer von Malaysia; über die Zusammenarbeit zwischen der Belarussischen Industrie- und Handelskammer und der Nationalen Industrie- und Handelskammer von Malaysia und der Internationalen

RTM; über die Zusammenarbeit im Bereich der Prävention und Beseitigung von Notsituationen. Schließlich unterzeichneten die Parteien 2016 das Memorandum über die interparlamentarische Zusammenarbeit, in dem sie feststellten, dass "Belarus und Malaysia über die notwendige Grundlage für die Vertiefung des politischen Dialogs, die Entwicklung von Handels- und Wirtschaftsbeziehungen, die Zusammenarbeit in

---

20 Belarus und Malaysia haben große Chancen für die Entwicklung der bilateralen Zusammenarbeit [Elektronische Quelle] . 2014. - URL: http://www.belta.by/politics/view/belarus-i-malajzija-imejut-bolshie-vozmozhnosti-dlja-razvitija-dvustoronnego-sotrudnichestva-51954-2014

den Bereichen Kultur, Wissenschaft, Bildung und Gesundheitswesen verfügen"[21] , dass es ein riesiges ungenutztes Potenzial für die Interaktion gibt und dass es viele Berührungspunkte gibt.

Im Dezember 2016 zeigte der Besuch des Sprechers des Repräsentantenhauses des malaysischen Parlaments P.A. Mulia in Minsk die Breite des Themenspektrums, das nach Meinung der Parlamentarier beider Länder in naher Zukunft in die belarussisch-malaysische Zusammenarbeit einbezogen werden soll: Industrie, Tourismus, Bildung, Hochtechnologie, militärisch-industrieller Komplex, Gründung von Joint Ventures und Aufbau interregionaler und wissenschaftlich-technischer Beziehungen. Was die wissenschaftlich-technische Zusammenarbeit anbelangt, so könnten als Ausgangspunkt Projekte in den Bereichen Biotechnologie, Mikrobiologie, Laseroptik und neue Materialien durchgeführt werden"[22] . Zwischen den Hochschuleinrichtungen der beiden Länder werden bereits mehrere Vereinbarungen über die Ausbildung von Fachkräften sowohl auf Hochschulebene als auch von wissenschaftlichem Personal mit höherer Qualifikation ausgearbeitet, da "eine verstärkte Zusammenarbeit bei der Personalausbildung zur Entwicklung der politischen, handelspolitischen und wirtschaftlichen Beziehungen beitragen würde"[23] .

Für eine Reihe belarussischer Exporteure, die bisher neben Kalidüngemitteln auch kleine Mengen an Reifen, Messgeräten, Ausrüstungen und Lebensmitteln auf den malaysischen Markt geliefert haben, scheinen sich interessante Möglichkeiten zu ergeben. Im Jahr 2016 fanden versuchsweise Lieferungen von gemischten Mineraldüngern durch das Chemiewerk Gomel und von Malz durch Belsolod in

---

21 Andreichenko: Belarus und Malaysia haben eine Grundlage für die Vertiefung des politischen Dialogs [Elektronische Ressource]. - 2016. - URL: http://www.belta.by/politics/view/andrejchenko-u- belarusi-i-malajzii-est-osnova-dlja-uglublenija-politicheskogo-dialoga-224305-2016/.
22 Andrei Kobyakov traf sich mit dem Sprecher des Repräsentantenhauses des Parlaments von Malaysia [Elektronische Ressource]. - 2016. - URL: http://www.government.by/ru/content/6900
23 Weißrussland schlägt Malaysia vor, die Zusammenarbeit im Bereich der Personalausbildung zu intensivieren [Elektronische Quelle] . 2016. - URL: http://www.belta.by/society/view/belarus-predlagaet-malajzii-bolee-intensivno-razvivat-sotrudnichestvo-v-sfere-podgotovovovi-kadrov-224404-2016/

dieses Land statt. Aufgrund der intensiven Entwicklung der Landwirtschaft in Malaysia gibt es Aussichten für die Wiederaufnahme der Exporte von belarussischen Landmaschinen. Es sei daran erinnert, dass die ersten Lieferungen von Maschinen des Minsker Traktorenwerks nach Malaysia bereits 1968 erfolgten, später aber über Singapur verschifft wurden. Heute wird "die Kapazität des Landmaschinenmarktes in Malaysia auf 70-80 Millionen Dollar pro Jahr geschätzt. Der Bestand an Traktoren und anderen Landmaschinen beläuft sich auf etwa 43 Tausend Stück. Die Hauptnutzer dieser Maschinen sind Landwirte, die in der Plantagenwirtschaft tätig sind"[24] . Belarussische Traktoren könnten hier also in beträchtlichen Stückzahlen gefragt sein.

Die malaysische Seite bekundete auch ihr Interesse an belarussischen Unternehmen wie dem Belarussischen Automobilwerk in Zhodino und dem OJSC 558 Aviation Repair Plant in Baranovichi. Belarussische Muldenkipper könnten in diesem asiatischen Land gefragt sein, denn "Malaysia hat große Bodenschätze. Dazu gehören Eisenerz, Kohle und Nichteisenmetalle. Das Land ist eines der führenden Länder bei Zinn. <...> Jetzt beginnt die Phase des Aufschwungs in diesem Sektor"[25] . Was das Werk in Baranowitschi betrifft, so hat es bereits einmalige Aufträge für malaysische Kunden erfüllt. Aber heute erwägt Malaysia die Möglichkeit einer Ausweitung der Zusammenarbeit mit Weißrussland im Bereich der Luftfahrtausrüstung, weshalb wir über eine Ausweitung der Zusammenarbeit zwischen der weißrussischen Seite "und dem Verteidigungsministerium von Malaysia bei der Reparatur und Modernisierung von MiG-29-Flugzeugen"[26] sprechen.

---

24 Malaysia erwägt den Kauf von MTZ-Maschinen für die Arbeit auf Reisfeldern [Elektronische Quelle]. - 2016. - URL: http://www.belta.by/economics/view/malaiziia- rassmatrivaet-vozmozhnost-zakupki-tehniki-mtz-dlja-raboty-na-risovyh-poljah-224664-2016/.
25 Ogneva, Y. BelAZ Maschinen können für den privaten Sektor von Malaysia von Interesse sein - Parkhomchik / Y. Ogneva // [Elektronische Quelle] . 2016. - URL:
http://www.belta.by/economics/view/tehnika-belaz-mozhet-byt-interesna-chastnomu-sektoru-malajzii-parhomchik-225091-2016/
26 Malaysia ist an einer Ausweitung der Zusammenarbeit *mit* Belarus bei der Reparatur von Militärflugzeugen interessiert [Elektronische Quelle] . 2016. - URL:
http://www.belta.by/economics/view/malajzija-zainteresovana-rasshirit-sotrudnichestvo-s-

Offenbar könnte sich die belarussisch-malaysische Zusammenarbeit im Bereich der militärischen Ausrüstung in naher Zukunft erheblich ausweiten. Zumindest hat die belarussische Seite im März 2017 wichtige Schritte in diese Richtung unternommen, indem sie ihre neuesten Verteidigungstechnologien auf der 14. internationalen Ausstellung für Luft- und Raumfahrt und Marineausrüstung LIMA-2017 in Malaysia auf der Insel Langkawi vorstellte. Es sei darauf hingewiesen, dass dieses Forum eine der größten Ausstellungen für militärische Ausrüstung im asiatisch-pazifischen Raum ist, die seit 26 Jahren alle zwei Jahre unter der Schirmherrschaft des malaysischen Verteidigungsministeriums stattfindet. Dieses Mal nahmen rund 350 Unternehmen aus 36 Ländern und etwa 400 Tausend Besucher teil. Die Teilnahme Weißrusslands an dieser Veranstaltung ist verständlich, denn "frühere LIMA-Ausstellungen haben sich als hervorragende Plattform für die Präsentation und Förderung der neuesten Luft- und Raumfahrt- und Marineausrüstung und -technologien auf dem malaysischen Markt und im gesamten asiatisch-pazifischen Raum erwiesen"[27] .

Aus diesem Grund wurden auf dem Gemeinschaftsstand des Staatlichen Komitees für Militärindustrie die neuesten Verteidigungstechnologien und -fähigkeiten des Verteidigungssektors der belarussischen Wirtschaft im Bereich der Entwicklung und Produktion von Roboterausrüstung, Luftfahrtkomponenten, modernen Radargeräten, Funkentstörstationen und -komplexen, optischen und optoelektronischen Produkten, Informationsanzeigegeräten, die unter schwierigen Betriebsbedingungen arbeiten können, sowie die tiefgreifende Modernisierung von Flugabwehrraketensystemen vorgestellt. Das "558 Aviation Repair Plant" hat auf dieser Ausstellung auch seine unabhängige Exposition gezeigt und eine breite Palette von unbemannten Luftfahrzeugen präsentiert - taktische UAVs vom Typ Flugzeug - "Berkut-1(2)", "Condor-1(2)", "Moskit", senkrecht startende und landende Quadrocopter - UAV "Hornet", ARTS "Satellite" und mehr als 20 Positionen von Luftfahrtkomponenten,

---

belarusjju-po-remontu-voennoj-aviatehniki-224895-2016/
27 Zhibul, A. Die neuesten Verteidigungstechnologien von Belarus werden auf der LIMA-Ausstellung in Malaysia präsentiert / A. Zhibul // [Elektronische Quelle]. - 2017. - URL: http://www.belta.by/society/view/novejshie-oboronnye-tehnologii-belarusi-budut-predstavleny-na-vystavke-lima-v-malajzii-235856-2017/.

die im Unternehmen in Baranowitschi hergestellt werden.

Auch zwischen den Regionen von Belarus und Malaysia bestehen gewisse Aussichten auf eine Zusammenarbeit. Auf belarussischer Seite betrifft dies in erster Linie die Region Minsk, wo Belaruskali, der Hauptexporteur nach Malaysia, ansässig ist. Interessanterweise "erreicht der Anteil der belarussischen Kalidünger unter allen ähnlichen Produkten auf dem malaysischen Markt 25 %"[28] . Die Hauptstadtregion hofft jedoch, dass sich die Exportlieferungen auf den malaysischen Markt nicht nur auf Kalidünger beschränken werden. Ihr Angebot könnte sich auf landwirtschaftliche und LKW-Ausrüstungen sowie Lebensmittelprodukte ausweiten. Auf malaysischer Seite wird sich der Bundesstaat Sabah an dieser interregionalen Zusammenarbeit beteiligen. Wenn sich die Erfahrungen mit dieser Zusammenarbeit als positiv erweisen, schließt die Region Minsk die Entwicklung enger Beziehungen zu anderen malaysischen Regionen nicht aus.

Es ist anzumerken, dass die Bemühungen um eine Ausweitung der belarussisch-malaysischen Interaktion, die auf der interparlamentarischen Zusammenarbeit beruht, in den letzten Jahren erste reale Ergebnisse gezeigt haben. Insbesondere "betrug die Wachstumsrate der belarussischen Exporte nach Malaysia im Januar 2017 im Vergleich zum gleichen Zeitraum des Vorjahres 172,4 %, das Exportvolumen betrug 13,8 Millionen US-Dollar"[29] . Die Schaffung eines so wichtigen und effektiven Instruments für den Ausbau der für beide Seiten vorteilhaften Partnerschaft wie die zwischenstaatliche Kommission für Handel und wirtschaftliche Zusammenarbeit zwischen Belarus und Malaysia steht nun auf der Tagesordnung der bilateralen Beziehungen zwischen Belarus und Malaysia. Es ist davon auszugehen, dass ihr Erscheinen im Jahr 2017 zu einem Faktor der weiteren Intensivierung der Beziehungen zwischen den beiden Ländern werden könnte, die im März dieses Jahres

---

28 Die Region Minsk plant den Ausbau der Zusammenarbeit mit dem malaysischen Bundesstaat Sabah [Elektronische Quelle]. - 2016. - URL: http://www.belta.by/regions/view/minskaja-oblast-planiruet-razvivat-sotrudnichestvo-s-malajzijskim-shtatom-sabah-224590-2016/.
29 Weißrussland hat Anfang 2017 seine Ausfuhren nach Malaysia, Singapur und auf die Philippinen stark erhöht [Elektronische Quelle]. - 2017. - URL: http://www.belta.by/economics/view/belarus-v-nachale-   2017-goda-rezko-narastila-eksport-v-malajziju-singapur-i-filippiny-235803-2017/

25 Jahre alt wurden. Nach Angaben von Minsk und Kuala Lumpur haben beide Seiten im Laufe eines Vierteljahrhunderts das Wachstum des gegenseitigen Handelsumsatzes und die Entwicklung der politischen und kulturellen Beziehungen erlebt. Die weitere Entwicklung dieses konstruktiven Dialogs wird sich nur "positiv auf die Verwirklichung des bestehenden reichen Potenzials der belarussisch-malaysischen Zusammenarbeit auswirken"[30].

---

30 Beamte des belarussischen und malaysischen Außenministeriums sehen großes Potenzial in den bilateralen Beziehungen [Elektronische Quelle] . 2017. - URL: http://www.belta.by/politics/view/rukovodstvo-mid-belarusi-i-malajzii-otmechajut-bolshoj-potentsial-dvustoronnih-otnoshenij-237705-2017/

Exportkultur und Massenbewusstsein

[31]Das kürzlich verabschiedete Nationale Programm zur Unterstützung und Entwicklung des Exports der Republik Belarus für den Zeitraum 2016-2020 umfasst acht Hauptaufgaben, darunter die Diversifizierung der Handels- und Wirtschaftsbeziehungen mit verschiedenen Ländern und Regionen, die Optimierung der Gesetzgebung im Bereich der Exportunterstützung, die Stimulierung der Exporteure von Waren und Dienstleistungen zur Erweiterung ihrer Produktpalette und der Arten von Dienstleistungen, die Verbesserung der Ansätze für die Arbeit mit kleinen und mittleren Unternehmen in Exportfragen, die Schaffung von Bedingungen für die Förderung von High-Tech-Exporten sowie die Entwicklung einer neuen Exportstrategie für die Republik Belarus.

Die Tatsache, dass eine solche Aufgabe zu den strategisch wichtigen Aufgaben in dem staatlichen Dokument auf höchster Ebene gehört, ist vermutlich kein Zufall. Bekanntlich sind Exporte die Grundlage einer offenen belarussischen Wirtschaft, da sie Devisen, Gewinne für Unternehmen und Steuern für den Haushalt der Republik Belarus liefern. In der Ansprache an das belarussische Volk und die Nationalversammlung im April 2016 wurde in diesem Zusammenhang festgestellt, dass "die wichtigste Priorität, die Priorität der Prioritäten der Export, sein Wachstum und notwendigerweise seine Diversifizierung ist und bleibt"[32] . Die Ergebnisse des vergangenen Fünfjahreszeitraums (2011-2015) zeigten jedoch eine Reihe von Faktoren, die das Wachstum und die Optimierung der Struktur der belarussischen Exporte behindern. Dazu gehören die langsame Entwicklung neuer Märkte, die geringe Wettbewerbsfähigkeit einheimischer Produkte, der Rückstand gegenüber den fortgeschrittenen Ländern in Bezug auf die Arbeitsproduktivität, die unzureichende Nutzung von Wettbewerbsvorteilen, die Ausrichtung der belarussischen

---

31 Nationales Programm zur Exportförderung und Entwicklung der Republik Belarus für 2016 - 2020. - Minsk, 2016. - C. 11.
32 Jährliche Ansprache an das belarussische Volk und die Nationalversammlung // Offizielles Internetportal des Präsidenten der Republik Belarus [Elektronische Ressource]. - URL: http://president.gov.by/ru/news ru/view/aleksandr-lukashenko-21-aprelja-obratitsja-s-ezhegodnym-poslaniem-to-belorusskomu-narodu-i-natsionalnomu-13517/

Industrieproduktion auf externe Ressourcen, das Fehlen eines breiten Spektrums an innovativen Exportgütern, die mangelnde Vorbereitung der sektoralen und territorialen Managementstrukturen auf eine rasche Reaktion auf veränderte Marktbedingungen und die aktive Förderung von Produkten auf neuen Märkten. All dies geschieht vor dem Hintergrund des wachsenden "Volumens des globalen Verkaufs von Waren und Dienstleistungen unter Einsatz von Informations- und Kommunikationstechnologien, was zu einer teilweisen Verdrängung der auf traditionelle Weise verkauften belarussischen Exportgüter führt"[33] .

[34]Deshalb heißt es in den politischen Dokumenten zur sozioökonomischen Entwicklung der Republik Belarus für den Zeitraum 2016-2020, dass die außenwirtschaftliche Tätigkeit, die die Umsetzung einer multisektoralen Außenpolitik und die Erzielung eines nachhaltigen Wachstums des Exportpotenzials der belarussischen Wirtschaft umfasst, in den kommenden fünf Jahren darauf abzielen wird, "einen ausgewogenen Außenhandel auf der Grundlage beschleunigter Exportwachstumsraten, der Nutzung der Wettbewerbsvorteile des Landes, der effektiven Teilnahme an der internationalen Arbeitsteilung und der Integration in den internationalen Arbeitsmarkt zu gewährleisten". Schließlich soll das Volumen der belarussischen Waren- und Dienstleistungsexporte um das 1,21- bis 1,25-fache gesteigert und die Ausfuhren von Industrieprodukten aus belarussischer Produktion auf 65 Prozent erhöht werden.

Die Lösung derartig komplexer Aufgaben ist nur möglich, wenn alle inländischen Produzenten von Waren und Dienstleistungen, unabhängig vom Umfang der Produktion und den Eigentumsverhältnissen, in den Außenhandel und die Exporttätigkeit einbezogen werden. Aber das sagen uns die Zahlen: "Wir haben mehr als zweiundzwanzigtausend Wirtschaftseinheiten im Land, aber

Nur achthunderttausendachthundert Wirtschaftssubjekte nehmen an Exportaktivitäten

33 Nationales Programm zur Exportförderung und Entwicklung der Republik Belarus für 2016 - 2020. - Minsk, 2016. - C. 7.
34 Die wichtigsten Bestimmungen des Programms der sozioökonomischen Entwicklung der Republik Belarus für die Jahre 2016 - 2020 // Belarusian Telegraphic Agency [Elektronische Quelle]. - URL: http://shod.belta.by/programma

teil"[35] . Mit anderen Worten, zwei Drittel der belarussischen Unternehmen, Gesellschaften und Firmen bleiben außerhalb des Bereichs der internationalen geschäftlichen Zusammenarbeit. Die Exportchancen des Landes hängen jedoch auch davon ab, "wie erfolgreich der Übergang zu einer Wirtschaft mit Innovationscharakter vollzogen wird, ein günstiges institutionelles Umfeld, Investitions- und Geschäftsklima geschaffen wird, die Importintensität der Produkte verringert wird und das Humankapital wächst"[36] . Darüber hinaus müssen all diese Probleme im Kontext der zunehmenden Globalisierung , der internationalen Integration und der Internationalisierung von Produktion und Verbrauch gelöst werden. Die Erfahrungen anderer Länder zeigen, dass sie nur von Trägern einer hohen Exportkultur bewältigt werden können, die ohne die aktive Beteiligung der Medienstrukturen nicht in das Massenbewusstsein eingeführt werden kann.

Diese Aufgabe soll in mehreren Richtungen angegangen werden. So ist im Rahmen der Priorität 1 "Optimierung des nationalen Systems der Exportunterstützung und -entwicklung" zur Stärkung der Position von Belarus auf den vielversprechenden Weltmärkten die Entwicklung eines umfassenden nationalen Systems der Exportunterstützung geplant, das nicht nur finanzielle, organisatorische, Marketing-, Handels- und politische, diplomatische und Informationsinstrumente nutzt. In Übereinstimmung mit dieser Priorität werden nicht nur Maßnahmen wie die Systematisierung des rechtlichen Rahmens, die Einführung neuer Ansätze für die Ausbildung und Vermittlung von Personal im Exportbereich, Änderungen in der Form der organisatorischen Unterstützung für den Export von Waren und Dienstleistungen, die Modernisierung der finanziellen Mechanismen für die Exportunterstützung, die Entwicklung von nicht-finanziellen Instrumenten für die Exportunterstützung und die Nutzung des Potenzials von Ausstellungs-, Messe- und

---

35 Niederschrift der Ansprache des Außenministers der Republik Belarus V. Makei an die Presse im Rahmen der Teilnahme an der Versammlung der Wirtschaftskreise der Republik Belarus // Außenministerium der Republik Belarus [Elektronische Ressource]. - URL: http://mfa.gov.by/press/smi/e19c618d70541f42.html
36 Rede von Wladimir Makei, Minister für Auswärtige Angelegenheiten der Republik Belarus, auf der XVII. Versammlung der Wirtschaftskreise der Republik Belarus "Herausforderung der Krise" (2. März 2016, Minsk) // Ministerium für Auswärtige Angelegenheiten der Republik Belarus [Electronic resource]. - URL: http://mfa.gov.by/press/smi/e19c618d70541f42.html

Kongressaktivitäten umgesetzt, sondern auch die Informations- und Kommunikationsinstrumente erheblich verstärkt.

Im Rahmen der Priorität 6 "Entwicklung innovativer Exporte durch Steigerung der Exporte wissensintensiver Produkte und Technologien", deren Umsetzung zur Intensivierung der Warenstruktur der Exporte, zur Steigerung des Exportvolumens von Produkten der Tiefverarbeitung, modernen Materialien und Fertigwaren mit verbesserten Eigenschaften, zur Entwicklung der Exporte technologisch und technologisch komplexer Produkte beitragen wird, ist zur Konsolidierung der innovativen Spezialisierung der belarussischen Exporte die Entwicklung des nationalen Informations- und Kommunikationstechnologiesystems vorgesehen

Ein wichtiges Element der Förderung der Exportkultur im Massenbewusstsein sollte die Förderung der Exportmöglichkeiten unseres Landes im Ausland, im globalen Computernetzwerk, Satellitenfernsehen und Radiosystem sein, wie es in der Roadmap der Maßnahmen für die Umsetzung des Nationalen Programms zur Unterstützung und Entwicklung des Exports der Republik Belarus für 2016-2020 skizziert wird. Die republikanischen, sektoralen und regionalen Massenmedien und ihre Internetressourcen, die in Belarus tätig sind, können ebenfalls zu dieser Aufgabe beitragen.

Staatliche Programme der Union: Auf dem Weg zur Erneuerung

Die vorrangigen Richtungen und Hauptaufgaben der weiteren Entwicklung des Unionsstaates Belarus und Russland für den mittelfristigen Zeitraum (2014-2017) sahen die Schaffung von Voraussetzungen für die Vertiefung der Integrationszusammenarbeit und der Interaktion zwischen den beiden Ländern vor, um das Bruttoinlandsprodukt zu steigern, die Industrie- und Agrarproduktion nachhaltig zu entwickeln, die Warenströme und Investitionen zu erhöhen und eine stabile Zahlungsbilanz der Teilnehmer am Aufbau der Union zu gewährleisten. Ein wichtiges Instrument zur Erreichung der gesetzten Ziele einer tiefen Integration ist die Umsetzung von Unionsprogrammen, die auf der Übereinstimmung der Interessen von Belarus und Russland basieren. Dazu gehören in erster Linie Importsubstitutionsprogramme, die "eine beschleunigte Entwicklung der eigenen Produktion in den Sektoren anregen, in denen es notwendig ist, fehlende Produkte zu ersetzen und die Nachfrage nach Importsubstitution zu befriedigen"[37]. Bereits im November 2016 kamen die Parteien jedoch zu dem Schluss, dass der Mechanismus zur Bildung und Verabschiedung der Programme des Unionsstaates ernsthaft verbessert werden sollte. "Die Programme werden sehr lange und sehr mühsam vereinbart, die Verzögerungen sind nicht immer gerechtfertigt, es gibt viele Beteiligte am Prozess der Vereinbarung. <...> Hier sollte etwas Radikales beschlossen werden"[38]. Einer der Wege zur Lösung dieses Problems wird in der Ausweitung des Formats der Interaktion zwischen den Parteien, der Entwicklung von Beziehungen und der Suche nach neuen Berührungspunkten unter Einbeziehung der Abgeordneten der Parlamentarischen Versammlung des Unionsstaates gesehen. Und allem

---

37 Rapota, G. Belarus und Russland sind strategische Partner und enge Verbündete. Ihre Interaktion ist multidimensional und fortschrittlich / G. Rapota // Interaktion der Regionen: der Unionsstaat - die Lokomotive der eurasischen Integration : Projekt der Informationsintegration / zusammengestellt von, interviewt von B. Zaleskii, M. Valkovski, A. Greshnikov. - Minsk : Biznesofset, 2016. - C. 12

38 Weißrussland und Russland werden den Mechanismus zur Annahme von Unionsprogrammen verbessern - Rapota [Elektronische Ressource]. - 2016. - URL: http://www.belta.by/economics/view/belarus-i-rossiia-	usovershenstvujut-mehanizm-prinjatija-sojuznyh-programmes-rapota-219063-2016/.

Anschein nach hat die Umsetzung dieser Richtung in diesem Jahr begonnen.

So hat die Kommission der Parlamentarischen Versammlung der Union von Belarus und Russland für Sozialpolitik, Wissenschaft, Kultur und humanitäre Fragen im Februar 2017 bei einem Treffen im russischen Kaliningrad eine Initiative zur "Identifizierung der vorrangigen Aufgaben der Entwicklung des Unionsstaates für 2018 - 2021"[39] vorgelegt, die neue Facetten der Zusammenarbeit zwischen den Mitgliedern des Unionsstaates aufzeigen soll. Dazu gehört das neue Programm "Innovative Entwicklung der Flachskomplexe der Russischen Föderation und der Republik Belarus", dessen Konzept von der Kommission der Parlamentarischen Versammlung für Haushalt und Finanzen bei einem Treffen vor Ort in der belarussischen Stadt Orsha im Februar 2017 geprüft wurde.

Interessant ist, dass die Parteien bereits 2013 zu dem Schluss kamen, dass ein wissenschaftliches Programm für die Entwicklung der Flachsproduktion in den Mitgliedstaaten der Union notwendig ist. Die Dringlichkeit der Entwicklung dieses Bereichs der Unionsintegration ergibt sich aus der Tatsache, dass Russland jährlich mehr als 60.000 Tonnen Baumwolle importiert, die für die Herstellung von Verbandsmaterial und anderen medizinischen Produkten verwendet wird und durch Leinentextilien ersetzt werden kann. Zu diesem Zweck muss jedoch die Qualität der an die Flachsfabrik Orsha in Belarus gelieferten Rohstoffe verbessert werden. Deshalb besteht die Aufgabe, die mit dem neuen Programm gelöst werden soll, darin, "neue Sorten von Faserpflanzen zu gewinnen, die[40] mit hochwertigen und vielseitigen Endprodukten versorgen würden". Aus diesem Grund sieht das Programm die Entwicklung neuer zonaler Anbautechnologien für jede Sorte und Technologien für die Flachsverarbeitung, einschließlich der Tiefenverarbeitung von

---

39 Pivovar, E. Vorschlag der Unionsparlamentarier zur Festlegung der vorrangigen Aufgaben der SG-Entwicklung für 2018 - 2021 / E. Pivovar // [Elektronische Ressource]. - URL: http://www.belta.by/society/view/sojuznye-parlamentarii-predlagajut-opredelit-pervoocherednye-zadachi-razvitija-sg-na-2018-2021-gody-233775-2017/
40 Tichonowa, A. Die Umsetzung des staatlichen Flachsprogramms der Union kann 2018 beginnen / A. Tichonowa // [Elektronische Quelle] . 2017. - URL: http://www.belta.by/economics/view/realizatsija-lnjanoj-programmy-sojuznogo-gosudarstva-mozhet-nachatsja-v-2018-godu-235409-2017/

Flachs, vor. Die Umsetzung dieses Programms könnte bereits 2018 beginnen und bis 2022 abgeschlossen sein.

Ein weiteres wichtiges belarussisch-russisches Programm, über das derzeit verhandelt wird, Microtech-SG, ist der Entwicklung von Technologien zur Herstellung elektronischer Komponenten gewidmet. Es hat das Potenzial, ein weiterer Beweis dafür zu werden, dass "bei der Durchführung der staatlichen Programme der Union die angewandte Wissenschaft entsteht und die Grundlagenwissenschaft genutzt wird"[41] . In die gleiche Richtung zielt das staatliche Unionsprogramm "Entwicklung neuer innovativer Ansätze zur Lösung der Gesundheitsprobleme von Kindern, die von onkologischen Erkrankungen geheilt wurden", mit dessen Umsetzung im Jahr 2018 begonnen werden soll. Unter Berücksichtigung der Behandlungsergebnisse wird es "darauf abzielen, die unmittelbaren und langfristigen Folgen der Therapie zu korrigieren, schonende und organerhaltende Techniken sowie atypische Resektionen einzuführen"[42] .

All diese Beispiele zeigen, dass der Unionsstaat auf dem Weg ist, die Ergebnisse der gemeinsamen Aktivitäten zu verbessern, wobei besonderes Augenmerk auf die praktische Umsetzung der Programme und die Berechnung ihrer Wirksamkeit gelegt wird.

---

41 Bukato, N. Programme der Union werden das Exportpotenzial des Komplexes der Verteidigungsindustrie von Belarus und Russland erhöhen, - Generaldirektor von JSC "Integral" / N. Bukato // [Elektronische Ressource]. - 2017. - URL: http://www.soyuz.by/news/joint-programs/32898.html.
42 Ein neues Programm im Bereich der Medizin soll im Unionsstaat durchgeführt werden {Elektronische Ressource}. - 2017. - URL: http://www.belta.by/society/view/novuju-programmu-v-oblasti-meditsiny-planirujut-realizovat-v-sojuznom-gosudarstve-239081-2017/

Partnerstädte und Gewerkschaftshaus

Der Beginn des Jahres 2017 zeigte einen wichtigen Trend in der Entwicklung des Unionsstaates Belarus und Russland. Trotz der bestehenden bilateralen Probleme im Brennstoff- und Energiesektor "belief sich die Wachstumsrate des Handelsumsatzes im Januar auf fast 144 %. Darüber hinaus ist das Wachstum sowohl auf weißrussischer Seite bei den Lieferungen nach Russland als auch bei den Lieferungen russischer Waren nach Weißrussland zu beobachten"[43]. Die wichtigste Komponente der Unionsintegration sind partnerschaftliche Beziehungen auf regionaler Ebene der beiden Länder, deren Ausbau die Lösung so wichtiger Aufgaben wie Importsubstitution, Stimulierung der exportorientierten Produktion, Überbrückung der technologischen Kluft zu den westlichen Ländern ermöglicht. Das Ausmaß der gegenwärtigen belarussisch-russischen interregionalen Interaktion wird durch etwa 80 Abkommen über Handel, wirtschaftliche, wissenschaftliche, technische und kulturelle Zusammenarbeit auf der Ebene der belarussischen Regierung und der Verwaltungen der russischen Regionen sowie durch etwa 300 Abkommen zwischen den belarussischen Regionen und den Subjekten der Russischen Föderation und den Gemeinden belegt. Darüber hinaus koordinieren "die Leiter der Ministerien, Konzerne, regionalen Exekutivkomitees und das Exekutivkomitee der Stadt Minsk Fragen der Zusammenarbeit mit 57 Regionen Russlands"[44]. Gerade diese weitreichenden interregionalen Beziehungen ermöglichen es den Teilnehmern des Unionsstaates, nicht nur Handelsbeziehungen zu entwickeln, sondern auch starke technologische Ketten in den Bereichen Maschinenbau, Petrochemie, Pharmazie und einer Reihe anderer Branchen zu schaffen.

Das wichtigste Element der Zusammenarbeit zwischen den Regionen Weißrusslands und Russlands sind die Städtepartnerschaften zwischen den beiden Ländern, die auf

---

43 Treffen mit dem Premierminister der RUSSISCHEN Föderation Dmitri Medwedew [Elektronische Quelle]. - 20127. - URL: http://www.government.by/ru/content/7139.
44 Grischkewitsch, A. Die Regionen von Weißrussland und Russland haben bedeutende Erfahrungen in der industriellen Zusammenarbeit gesammelt - Solowjow / A. Grischkewitsch // [Elektronische Ressource]. - 2017. - URL: http://www.belta.by/economics/view/regiony-belarusi-i-rossii-nakopili-znachitelnyj-opyt- promyshlennoj-kooperatsii-solovjev-240368-2017/.

eine fast 25 jährige Geschichte zurückblicken. Die erste Vereinbarung über Städtepartnerschaften wurde am 18. Juni 1992 unterzeichnet. Damals waren Borisov und Podolsk Partnerstädte. Heute verbindet die Bewegung "49 Städte und Bezirkszentren von Belarus mit 67 Städten Russlands. Eine beträchtliche Anzahl belarussischer und russischer Städte unterhält vertragliche Kooperationsbeziehungen"[45] . Auf dem neunten Treffen der Partnerstädte, das Ende März 2017 in der belarussischen Stadt Mogilev stattfand und an dem Vertreter von 35 russischen und 24 belarussischen Städten teilnahmen, war das Leitmotiv die Feststellung, dass "der belarussisch-russische Handelsumsatz in den letzten Jahren vor allem dank der Partnerschaftsbewegung erheblich gestiegen ist. <...> Die weitere Einheit der Völker beider Länder sollte durch interregionale und partnerschaftliche Beziehungen unterstützt werden"[46] .

Das Treffen in Mogilev hat gezeigt, dass sich die Partnerschaftsbeziehungen zwischen den Städten von Belarus und Russland in Richtung einer Stärkung vor allem der wirtschaftlichen Komponente entwickeln. Ein sehr anschauliches Beispiel dafür ist Mogilev selbst, das mit 92 Ländern Handel treibt und die Produkte der lokalen Hersteller in mehr als 50 Länder exportiert. Der wichtigste Partner ist jedoch nach wie vor Russland, auf das drei Viertel des Außenhandels und 85 Prozent der Exporte entfallen. Die führende Rolle spielt die Industrie, wobei die Chemie-, Leicht- und Verarbeitungsindustrie sowie der Maschinenbau und die Metallverarbeitung die Spitzenpositionen einnehmen. In vielerlei Hinsicht erklären sich solche Interaktionsergebnisse durch die Tatsache, dass dieses belarussische Regionalzentrum über sehr vielfältige Kontakte zu russischen Regionen verfügt.

---

45 Grischkewitsch, A. Weißrussland kooperiert im Bereich des Handels und der Wirtschaft *mit* 80 Regionen Russlands / A. Grischkewitsch //   [Elektronische Ressource]   .- 2017.   - URL: http://www.belta.by/economics/view/belarus-sotrudnichaet-v-torgovo-ekonomicheskoi-sfere-s-80-regionami-rossii-240326-2017
46 Surikov, A. Die Rolle der Bewegung bei der weiteren Entwicklung des Unionsstaates ist sehr wichtig / A.   Surikov //   [Elektronische Quelle]   . 2017. - URL: http://www.belta.by/economics/view/belarus-sotrudnichaet-v-torgovo-ekonomicheskoi-sfere-s-80-regionami-rossii-240326-2017

"Mogilev hat drei Partnerstädte und 13 Partnerstädte, mit denen es Kooperationsabkommen unterzeichnet hat. <...> Zum Beispiel erfreuen heute die Höfe von Mogilev die Bürger von Penza, Tula, Moskau und Jekaterinburg, und die Höfe von Moskau und Tula erfreuen die Einwohner und Gäste von Mogilev"[47]. Und in der freien Wirtschaftszone "Mogilew" wird allein die Realisierung des Projektes mit Beteiligung der russischen Firma "Omsk Carbon Group" zur Schaffung des Unternehmens zur Freisetzung von technischem Kohlenstoff auf 175 Millionen Dollar geschätzt. In Russland ist die Erfahrung von Wolgograd, das 45 Partnerstädte hat, in dieser Hinsicht von großem Interesse. Die Stadt ist der Meinung, dass "die öffentliche Diplomatie ein wirksames Mittel ist, um die zwischenstaatlichen Beziehungen zu erhalten und schrittweise zu entwickeln"[48]. Im Jahr 2000 unterzeichnete Wolgograd ein Kooperationsabkommen mit Minsk und positioniert sich seit 2014 als Zentrum für öffentliche Diplomatie, das sich mit der Systematisierung der "Erfahrungen internationaler Aktivitäten russischer Städte"[49] beschäftigt und Projekte auf interregionaler Ebene durchführt.

47 Kulyagin, S. Etwa 85% der Exporte von Mogilev fallen auf Russland - Tsumarev // [Elektronische Quelle]. - 2017. - URL: http://www.belta.by/regions/view/okolo-85-eksporta-mogileva-prihoditsja-na-rossiju-tsumarev-240333-2017/
48 Grischkewitsch, A. Die öffentliche Diplomatie spielt eine wichtige Rolle bei der Entwicklung der zwischenstaatlichen Beziehungen - der Bürgermeister von Wolgograd / A. Grischkewitsch // [Elektronische Ressource]. - 2017. - URL: http://m.belta.by/society/view/obschestvennaja-diplomatiia-igraet-znachimuju-rol- v-razvitii-mezhgosudarstvennyh-otnoshenij-mer-240378-2017/
49 Kosolapov, A. Die Politik der Städte zielt darauf ab, die Einbindung der zivilgesellschaftlichen Institutionen in die internationalen Beziehungen zu maximieren / A. Kosolapov // Eurasische Wirtschaftsunion: Interaktion der Städte : information-integ. projekt / zusammengestellt, interviewt von: B. Zalessky, M. Valkovsky, A. Greshnikov. - Minsk : Biznesofset, 2015. - C. 35.

Republik Belarus - Gebiet Irkutsk: Die Straßenkarte setzt Akzente

Im Dezember 2016 unterzeichneten die Regierungen der Republik Belarus und der Region Irkutsk der Russischen Föderation das Abkommen über Handel und wirtschaftliche, wissenschaftliche, technische, kulturelle und humanitäre Zusammenarbeit und hielten die erste Sitzung der Arbeitsgruppe ab, die sich aus Vertretern der Parteien zusammensetzte, um einen Fahrplan - den Aktionsplan für 2017-2019 - für die Umsetzung des unterzeichneten Abkommens auszuarbeiten, um die handelspolitische und wirtschaftliche Zusammenarbeit innerhalb kurzer Zeit zu steigern.

Das Jahr 2016 hat ein ernstes Problem in der Entwicklung der partnerschaftlichen Beziehungen zwischen Belarus und der Region Irkutsk aufgezeigt: Der Handelsumsatz zwischen den Parteien hat sich fast halbiert. Und das, obwohl der Indikator für den gegenseitigen Handel 2015 mit 115 Mio. USD den höchsten Stand der letzten fünf Jahre erreichte. Dies war Anlass für das Treffen zwischen dem belarussischen Staatschef A. Lukaschenko und dem Gouverneur der russischen Region S. Lewtschenko im Dezember. Während ihres Dezembertreffens in Minsk machte es sich Lewtschenko sehr einfach, die Hauptaufgabe für die nahe Zukunft zu umreißen: "Weißrussland und die russische Region Irkutsk sollten Reserven finden, um den gegenseitigen Handel zu steigern"[50].

[51]Es sei daran erinnert, dass in der Zeit vor der Krise die handelspolitische und wirtschaftliche Zusammenarbeit zwischen den Parteien in einer ganzen Reihe von Bereichen stattfand, darunter die Schaffung eines Systems der geschäftlichen Zusammenarbeit unter Nutzung moderner Informationstechnologien und

---

50 Verhandlungen mit dem Gouverneur der Region Irkutsk Sergey Levchenko [Elektronische Ressource]. - 2016. - URL: http://president.gov.by/ru/news_ru/view/peregovory-s-gubernatorom-irkutskoj- oblasti-sergeem-levchenko-15007/.
51 Kim, R. Die strategische Perspektive sollte auf neuem Wissen, Innovationen, neuen Technologien, die in die Serienproduktion eingeführt werden, basieren / R. Kim // Gemeinsamer Wirtschaftsraum: Integration der Regionen : information-integ. projekt / zusammengestellt, interviewt von: B. Zaleskii, M. Valkovski, A. Mostovoy. - Minsk : Biznesofset, 2013. - C. 118.

elektronischer Systeme, die Erweiterung des Produktmixes der gegenseitigen Lieferungen, die Einrichtung von Service- und Reparaturzentren für Maschinen aus belarussischer Produktion in der Region Irkutsk, die Organisation und Durchführung von gemeinsamen Messen und Ausstellungen sowie eine Reihe anderer Aktivitäten. Es sieht so aus, als ob sich die Parteien bei der Suche nach neuen Reserven der Handels- und Wirtschaftskooperation auf die vorhandenen Erfahrungen stützen werden.

Erstens schlägt die belarussische Seite vor, ihr Exportpotenzial in Priangarie aktiver zu nutzen. Dort bestehen erhebliche Aussichten für die Lieferung von Steinbruch-, Lkw- und anderen Spezialmaschinen sowie von Ladegeräten für Kohle- und andere Mineralvorkommen in der russischen Region. Weißrussland ist sich dessen bewusst, dass die Region Irkutsk zu den führenden Bergbauregionen Russlands gehört, so dass die Steinbruchausrüstungen des weißrussischen Automobilwerks für die Bergbauunternehmen der Region von großem Nutzen sein werden. Außerdem ist das Minsker Automobilwerk bereits in der Lage, den Bedarf der Region an gasbetriebenen Personenkraftwagen zu decken"[52] . Gleichzeitig bietet die belarussische Seite attraktive Finanzierungsmodelle wie Leasing, Haushaltszuschüsse und Vorzugsdarlehen für ihre Exportlieferungen an, die auch für die jüngsten belarussischen Neuheiten in Form innovativer elektrischer Stadtverkehrsmittel - Elektrobusse und Oberleitungsbusse mit autonomem Betrieb - gelten könnten.

Zweitens sollte ein wichtiger Teil des Fahrplans für die Zusammenarbeit zwischen Weißrussland und der Region Irkutsk die Produktionszusammenarbeit nicht nur mit Unternehmen der Rüstungsindustrie sein. In dieser Hinsicht wird die Aufmerksamkeit der belarussischen Hersteller auf das in der russischen Region geschaffene Territorium der fortgeschrittenen sozioökonomischen Entwicklung "Usolye-Sibirskoye" gelenkt, das über ein spezielles Steuerregime verfügt und in dem die Montageproduktion von belarussischen Traktoren durchaus möglich ist. Darüber hinaus "plant das Gebiet Irkutsk ab 2017, große Flächen ungenutzter Ackerflächen in

---

52 Andrej Kobjakow traf sich mit dem Gouverneur der Region Irkutsk [Elektronische Quelle]. - 2016. - URL: http://www.government.by/ru/content/6866

den landwirtschaftlichen Umsatz zu bringen. Für dieses Projekt nimmt die russische Region Programme für Pacht- und Investitionsprojekte wieder auf. Dies dürfte zum Wachstum des Absatzes von Traktorentechnik beitragen"[53] .

Als weitere Reserven für eine intensivere Zusammenarbeit nennen die Parteien die Bereiche Landwirtschaft, Bauwesen, Holzeinschlag und Wasserressourcen. Insgesamt umfasst diese Liste mehr als ein Dutzend vielversprechender Bereiche für künftige gemeinsame Aktivitäten, die allem Anschein nach noch ergänzt werden sollen. Dabei geht es insbesondere auch um die Zusammenarbeit zwischen wissenschaftlichen Einrichtungen, vor allem im Bereich der Landwirtschaft, sowie im Bereich des Tourismus. All diese Fakten sprechen für die Ernsthaftigkeit der Absichten der Parteien, die partnerschaftlichen Beziehungen auf eine qualitativ neue Ebene zu heben. Sie haben alles, was sie dafür brauchen.

---

53 Die Montageproduktion von BELARUS-Traktoren könnte in der Region Irkutsk entstehen [Elektronische Quelle]. - 2016. - URL: http://www.belta.by/economics/view/sborochnoe-proizvodstvo-traktorov-belarus-mozhet-pojavitsja-v-irkutskoj-oblasti-222392-2016/.

Republik Belarus - Region Stawropol: Perspektiven des Abkommens

Mitte März 2017 unterzeichneten die Regierungen des Gebiets Stawropol der Russischen Föderation und der Republik Belarus ein Abkommen über Handel und wirtschaftliche, wissenschaftliche und technische sowie soziokulturelle Zusammenarbeit. Mit diesem Dokument wurde der bestehende vertragliche und rechtliche Rahmen für die Interaktion zwischen dieser russischen Region und der belarussischen Seite deutlich erweitert und die Schlussfolgerung, dass "die Integration mit den Regionen von Belarus eine konzeptionelle Richtung für die Entwicklung der Außenbeziehungen der Region Stawropol darstellt"[54] , noch einmal nachdrücklich unterstrichen. Bereits in den Jahren 2000 und 2002 unterzeichnete die Regierung dieser Region Russlands Kooperationsabkommen mit den regionalen Exekutivkomitees von Brest und Gomel, die eine Zusammenarbeit in den Bereichen Handel und Wirtschaft, Wissenschaft und Technik sowie Kultur vorsehen. Und 2008 wurde ein Kooperationsabkommen zwischen der Industrie- und Handelskammer der Region Stawropol und der belarussischen Industrie- und Handelskammer unterzeichnet. Heute sind die Produkte einer Reihe führender belarussischer Industrieunternehmen in der Region stark vertreten. Dazu gehören das Minsker Traktorenwerk und das Minsker Automobilwerk. Auch belarussische Lebensmittel sind hier beliebt, was den Anstoß gab, in Stawropol ein Netz von Geschäften zu eröffnen, die Fleisch- und Milchprodukte aus Belarus verkaufen. Die stawropolischen Unternehmen sind ihrerseits in der Lage, den belarussischen Markt zu beliefern: landwirtschaftliche Rohstoffe und Produkte der Erstverarbeitung - Weizen, Mehl, Sonnenblumen- und Sonnenblumenöl, Schafwolle; Maschinenbauerzeugnisse - Stromzähler und Sattelschlepper; Erzeugnisse der chemischen Industrie - Polymermaterialien, Kunststoffe, Aerosole.

All diese Fakten zeigen, dass die Region Stawropol einer der vielversprechendsten

---

54 Vladimirov, V. Markterweiterung ist immer eine gute Sache für Unternehmer / V. Vladimirov // Eurasische Wirtschaftsunion: regionaler Aspekt : information-integ. projekt / zusammengestellt, befragt. B. Zalesskiy, M. Valkovskiy, A. Mostovoy. - Minsk : Biznesofset, 2014. - C. 56.

Wirtschaftspartner von Belarus in Russland ist. Im Jahr 2013 stieg der Handelsumsatz zwischen der Region und der Republik im Vergleich zu 2012 um das Anderthalbfache und belief sich auf 6,7 Milliarden russische Rubel. Danach kam es jedoch zu einem gewissen Rückgang. Und erst im Jahr 2016 belief sich das Volumen des gegenseitigen Handels auf 140 Millionen Dollar. Das bedeutet, dass nach zwei Jahren des Rückgangs die Wachstumsdynamik 9 Prozent überschritten hat. Gleichzeitig zeigt diese Tatsache, dass die Region Stawropol und die Republik Belarus heute ein echtes Potenzial haben, den Handelsumsatz deutlich zu steigern und die bilaterale Zusammenarbeit auszubauen. Deshalb wurde der Besuch des Gouverneurs von Stawropol, W. Wladimirow, in Belarus im März 2017 in Minsk als ernsthafte Absicht der russischen Seite gewertet, "den gegenseitigen Handel deutlich zu steigern und neue vielversprechende Projekte in Bereichen zu starten, in denen wir füreinander interessant und nützlich sind"[55]. Zu diesen vielversprechenden Bereichen zählen die Parteien: 1) Entwicklung von Kooperationsbeziehungen in der Industrie; 2) effektive Zusammenarbeit im agroindustriellen Sektor; 3) Umsetzung vielversprechender Projekte im Bausektor; 4) Intensivierung der Zusammenarbeit in der Leichtindustrie; 5) Aktualisierung der Innovationskomponente der Partnerschaft.

Was die **industrielle Zusammenarbeit betrifft, so wurde** bereits 2013 festgestellt, dass "mehr als zehn Unternehmen mit belarussischen Investitionen in der Region Stawropol registriert sind"[56]. Und heute schlägt die belarussische Seite zum Ausbau der Kooperationsbeziehungen vor, "gemeinsame Projekte von MAZ und Avtokomponenty Holding mit Unternehmen der Region Stawropol umzusetzen"[57]. Zumal Stawropol nun "auf die Frage der Organisation der Montageproduktion von

---

55 Verhandlungen *mit dem* Gouverneur der Region Stawropol in Russland Wladimir Wladimirow [Elektronische Ressource]. - 2017. - URL: http://president.gov.by/ru/news_ru/view/peregovory-s-gubernatorom-stavropolskogo-kraja-rossii-vladimirom-vladimirovym-15800/.
56 Vysheslavov, V. In perspective - joint development of innovative technologies / V. Vysheslavov // Common Economic Space: integration of regions : information-integ. project / compiled by, interviewed by: B. Zaleskiy, M. Valkovskiy, A. Mostovoy. - Minsk : Biznesofset, 2013. - C. 79.
57 Treffen mit dem Gouverneur der Region Stawropol in Russland [Elektronische Ressource]. - 2017. -
URL: http://www.government.by/ru/content/7111

belarussischen Maschinen und deren Service zurückkommen will"[58]. Es geht auch um die Ausweitung der Lieferungen verschiedener Maschinen aus Belarus in die russische Region - Passagier-, Kommunal-, Fracht- und Straßenbaumaschinen - für die Umsetzung großer Infrastrukturprojekte dort. Dabei sind "Ausrüstungslieferungen zu Leasingbedingungen möglich"[59].

Im **agroindustriellen Sektor** sind zwei Bereiche von größtem Interesse: die Lieferung moderner belarussischer technologischer Ausrüstung für den Wiederaufbau von Milchviehbetrieben in das Gebiet Stawropol unter Einbeziehung belarussischer Fachleute in die Umsetzung von Projekten für den Wiederaufbau und den Bau von Viehzuchtkomplexen; die Lieferung von Spezialmaschinen aus dem Minsker Traktorenwerk unter Berücksichtigung der Pläne Stawropols zur Entwicklung des Weinbaus. Auf dem **Gebiet der Innovation** können belarussische und stawropolische Wissenschaftler in den Bereichen Robotik und Ressourcenschutz, Geoinformatik und Geophysik, Mikrobiologie und Biotechnologie tatsächlich zusammenarbeiten.

---

58 Verhandlungen mit dem Gouverneur der Region Stawropol in Russland Wladimir Wladimirow [Elektronische Ressource]. - 2017. - URL: http://president.gov.by/ru/news_ru/view/peregovory-s-gubernatorom-stavropolskogo-kraja-rossii-vladimirom-vladimirovym-15800/.
59 Weißrussland setzt auf zunehmende Maschinenlieferungen in die Region Stawropol und die Gründung neuer Joint Ventures - Kobjakow[Elektronische Quelle   ].   2017.
http://www.belta.by/economics/view/belarus-rasschityvaet-na-uvelichenie-postavok-tehniki-v-stavropolskij-kraj-i-sozdanie-novyh-sp-kobjakov-23786868-2017/

Region Witebsk - Russische Regionen: ein Weg zur Intensivierung der Kontakte

Die wichtigste Komponente der belarussisch-russischen interregionalen Zusammenarbeit ist die Partnerschaftsbewegung, da die Städtepartnerschaften eine Ausweitung der Interaktion zwischen Belarus und Russland ermöglichen. Darüber hinaus "werden dank der Partnerschaftsbewegung die folgenden Aktivitäten durchgeführt

gemeinsame Projekte in einer Vielzahl von Bereichen"[60] . In der Republik Belarus ist das Gebiet Witebsk besonders aktiv bei der Entwicklung dieser Zusammenarbeit auf der Ebene der Städte und Bezirke. Zu seinen wichtigsten Exportpartnern gehören das Moskauer Gebiet, Moskau, das Smolensker Gebiet, St. Petersburg, die Republik Tatarstan sowie die Gebiete Pskow, Brjansk, Leningrad, Nowgorod, Nischni Nowgorod und Swerdlowsk. Anfang 2016 schloss die Region Witebsk "81 regionale Abkommen über die handelspolitische, wirtschaftliche, wissenschaftliche, technische und humanitäre Zusammenarbeit mit den Verwaltungen der Regionen der Russischen Föderation, davon 22 mit den Exekutivkomitees der Oblast und 59 mit den Exekutivkomitees der Kreise"[61] . Im Jahr 2017 setzte sich dieser Trend fort: "In den letzten 3-4 Monaten wurden mehr als 20 Abkommen zwischen den Selbstverwaltungs- und Verwaltungsorganen der Region Witebsk und russischen Regionen, vor allem den Regionen Pskow, Smolensk und Twer, geschlossen. *Meistens geht es* jetzt um die Herstellung von Verbindungen zwischen Kreisen und Städten"[62] .

---

60 Grishkevich, A. Twinning ist ein wichtiger Bestandteil der interregionalen Zusammenarbeit - Putins Grußwort / A. Grishkevich // [Elektronische Ressource]. - 2017. - URL: http://www.belta.by/politics/view/pobratimskoe-dvizhenie-javljaetsja-vazhnoj-sostavljajuschej-mezhregionalnogo-sotrudnichestva-240305-2017/
61 Scherstnew, N. Das Hauptproblem bleibt die gegenseitige Erhöhung des Angebots an Produkten *mit einem* hohen Verarbeitungsgrad / N. Scherstnew // Interaktion der Regionen: der Unionsstaat - die Lokomotive der eurasischen Integration : Projekt der Informationsintegration / zusammengestellt von, interviewt von B. Zalessky, M. Valkovsky, A. Greshnikov. - Minsk : Biznesofset, 2016. - C. 114.
62 Tichonowa, A. Das Gebiet Witebsk und die russischen Regionen intensivieren die Zusammenarbeit auf der Ebene der Städte und Kreise / A. Tichonowa // [Elektronische Ressource]. - 2017. - URL: http://www.belta.by/regions/view/vitebskaja-oblast-i-rossijskie-regiony-aktivizirujut- sotrudnichestvo-na-urovne-gorodov-i-rajonov-242742-2017/.

So wurden Mitte März 2017 zwei Kooperationsvereinbarungen zwischen den Exekutivbehörden und den stellvertretenden Organen des Gorodoksky-Kreises der Region Witebsk und des Usvyatsky-Kreises der Region Pskow unterzeichnet. Mit Hilfe dieser Dokumente, die auf der geistigen Verwandtschaft und den gemeinsamen historischen Schicksalen der Bevölkerung der Kreise, der geografischen Nähe und dem Wunsch der Menschen, die wirtschaftlichen, historischen, kulturellen und humanitären Beziehungen zu stärken, basieren, beabsichtigen die Parteien, direkte Kontakte zwischen den Behörden, stellvertretenden Verbänden, Unternehmen aller Eigentumsformen und öffentlichen Organisationen zu verwirklichen. Zuvor hatte der Kreis Gorodok ein Kooperationsabkommen mit dem Kreis Nevelsk in der Region Pskow und ein Absichtsprotokoll mit der Stadt Babajewo in der Region Wologda unterzeichnet"[63].

Ende März 2017 wurde die Partnerschaftsvereinbarung zwischen dem Scharkowski-Kreis der Region Witebsk und dem Kreis Pskow unterzeichnet. Dieses Dokument soll nach Angaben der Parteien "den Beziehungen zwischen den beiden Bezirken neuen Schwung verleihen"[64], die für beide Seiten vorteilhafte wirtschaftliche Zusammenarbeit fördern und neue Investitionen in die regionale Wirtschaft anziehen, was wiederum zur Entwicklung beider Gebiete und zur Steigerung des Lebensstandards der Bevölkerung des Scharkowski-Bezirks und des Bezirks Pskow beitragen wird.

Am Vorabend des Tages der Einheit der Völker Weißrusslands und Russlands im Jahr 2017 wurde auch der Vertrag über Freundschaft, gute Nachbarschaft und Zusammenarbeit zwischen dem Kreis Liozna der Region Vitebsk und dem Kreis Demidovsky der Region Smolensk unterzeichnet. Dokumente, die dem genannten

---

63 Tichonowa, A. Grenzbezirke Gorodokski und Uswjatskij werden ein Abkommen über die Zusammenarbeit unterzeichnen / A. Tichonowa //   [Elektronische Quelle] .- 2017. - URL: http://www.belta.by/regions/view/prigranichnye-gorodokskij-i-usvjatskij-rajony-podpishut-soglashenija-o-sotrudnichestve-237509-2017/
64 Kuljagin, S. Der Partnerschaftsvertrag wurde von den Bezirken Scharkowskaja und Pskow unterzeichnet / S. Kuljagin // [Elektronische Quelle]. - 2017. - URL: http://www.belta.by/regions/view/dogovor-o-   porodnenii-podpisali-sharkovschinskij-i-pskovskij-rajony-240341-2017/.

Vertrag ähneln, "festigen bereits die gutnachbarlichen Beziehungen des Kreises Liozna mit den Kreisen Rudnyane, Jelninskij, Welischskij und Pitelinskij"[65] und tragen zur Entwicklung der Interaktion zwischen den Parteien nicht nur im kulturellen, sondern auch im wirtschaftlichen Bereich bei.

Im April 2017 wurde ein Protokoll über gemeinsame Aktionen zur Umsetzung des Kooperationsabkommens zwischen dem Abgeordnetenrat der Region Witebsk und der Gesetzgebenden Versammlung der Region Twer unterzeichnet. Und nach dem gleichzeitigen Besuch der Delegation des Gebiets Witebsk in Twer wurde "eine konkrete Vereinbarung über die Unterzeichnung von Dokumenten für die Lieferung von Backwaren, Süßwaren, Milchprodukten und Frühstücksgetreide direkt zwischen den Unternehmensleitern getroffen"[66] , und es wurden Vorschläge für die Lieferung von Nadelbäumen, Flachs- und Rapssetzlingen in die russische Region von belarussischer Seite geprüft.

All diese Fakten verdeutlichen das Bestreben der Städte und Kreise der Region Witebsk, die Beziehungen zu Partnern in Russland intensiv auszubauen. In der nächsten Zeit sollen hier eine Reihe von Dokumenten über die Zusammenarbeit mit russischen Regionen unterzeichnet werden. Um eine noch engere interregionale Zusammenarbeit mit der russischen Seite zu erreichen, plant die Region Witebsk die Gründung einer Arbeitsgruppe zur Koordinierung der partnerschaftlichen Beziehungen mit russischen Regionen.

---

65 Tichonowa, A. Die Bezirke Liozna und Demidow werden den Tag der Einheit der Völker Weißrusslands und Russlands mit einem Freundschaftsvertrag begehen / A. Tichonowa // [Elektronische Quelle]. - 2017. -
URL: http://www.belta.by/regions/view/lioznenskij-i-demidovskij-rajony-otmetjat-den-edinenija-narodov-belarusi-i-rossii-dogovorom-o-druzhbe-239817-2017/
66 Tichonowa, A. Das Gebiet Witebsk plant, das Gebiet Twer mit Nadelbaumsämlingen zu versorgen / A. Tichonowa // [Elektronische Ressource]. - 2017. - URL: http://www.belta.by/regions/view/vitebskij-region-planiruet-postavljat-v-tverskuju-oblast-sazhentsy-hvojnyh-derevjev-242765-2017/

Regionen von Belarus - Region Pawlodar: Partnerschaft als Ausgangspunkt für wirtschaftliches Wachstum

Im Jahr 2016 ging der Handelsumsatz zwischen Belarus und Kasachstan um mehr als ein Viertel auf rund 420 Mio. USD zurück. Deshalb haben sich sowohl Minsk als auch Astana heute die ehrgeizige Aufgabe gestellt, den belarussisch-kasachischen Handel wieder auf das Rekordniveau von 2014 zu bringen, als er sich auf 966,8 Mio. USD belief. Eines der wirksamen Instrumente zur Bewältigung dieser Aufgabe ist die Intensivierung der Interaktion zwischen den Regionen der beiden Länder, die eine wichtige Voraussetzung für ihre dynamische sozioökonomische Entwicklung und ein Faktor für die Förderung der Handels- und Wirtschaftsbeziehungen im Rahmen des freien Waren-, Dienstleistungs-, Kapital-, Technologie- und Arbeitskräfteverkehrs sowie der in der Eurasischen Wirtschaftsunion erklärten Joint Ventures ist. Die Teilnehmer des Treffens der Eurasischen Wirtschaftsunion im April kamen zu dem Schluss, dass "die Regionen von Belarus und Kasachstan viele vielversprechende Bereiche für eine für beide Seiten vorteilhafte wirtschaftliche Zusammenarbeit haben".[67] Die Teilnehmer des interregionalen Treffens von Vertretern der Regionen Pawlodar in Kasachstan und Gomel in Belarus, das im April 2017 in Gomel stattfand, kamen ebenfalls zu dem Schluss, dass "die Regionen von Belarus und Kasachstan viele vielversprechende Bereiche für eine für beide Seiten vorteilhafte wirtschaftliche Zusammenarbeit haben".

Es sei darauf hingewiesen, dass die Region Pawlodar zu den kasachischen Regionen gehört, in denen sich die Geschäftsinteressen "im Rahmen einer der Hauptrichtungen der Wirtschaftspolitik Kasachstans, Russlands und Weißrusslands - dem gemeinsamen Wirtschaftsraum - entwickeln. Für unsere Region ist diese Zusammenarbeit eine Priorität in der außenwirtschaftlichen Tätigkeit"[68] . Von der

---

67 Sidorchik, V. Die Regionen von Belarus und Kasachstan haben viele vielversprechende Bereiche für die Zusammenarbeit - Vladimir Dvornik / V. Sidorchik // [Elektronische Quelle]. - 2017. - URL: http://www.belta.by/regions/view/u-regionov-belarusi-i-kazahstana-est-mnogo-. perspektivnyh-napravlenij-dlja-sotrudnichestva-vladimir-243748-2017/ perspektivnyh-napravlenij-dlja-sotrudnichestva-vladimir-243748-2017/
68 Bozumbajew, K. Die Interaktion der Regionen spielt eine wichtige Rolle bei der Entwicklung

Ernsthaftigkeit der Absichten, die Partnerschaft mit den belarussischen Regionen mit konkreten wirtschaftlichen Inhalten zu füllen, zeugt zumindest die folgende Tatsache. Das Akimat der Region Pawlodar unterzeichnete im November 2016 ein Abkommen über die Zusammenarbeit mit dem Exekutivkomitee der Region Gomel. Und wenn für das ganze Jahr 2016 das Volumen des gegenseitigen Handels zwischen den Einwohnern von Gomel und Pawlodar auf dem Niveau von zweieinhalb Millionen Dollar festgestellt wurde, dann nur "im Januar-Februar 2017 betrug der Handelsumsatz zwischen den Regionen 1,4 Millionen Dollar (Wachstumsrate - 393,8%), einschließlich der Exporte - 0,9 Millionen Dollar (256,1%). Die wichtigsten Exportartikel: Kondensmilch und Sahne, Ausrüstung für Eisenbahnschienen, Metallwaren, Geschirr und Küchengeräte aus Porzellan. Ferrosilizium"[69] wurde aus der Region Pawlodar für den Bedarf des weißrussischen Hüttenwerks importiert.

Das interregionale Treffen in Gomel zeigte, dass die Parteien beabsichtigen, den Rahmen der interregionalen Zusammenarbeit erheblich zu erweitern. So zeigten die Einwohner von Pawlodar großes Interesse an den belarussischen Erfahrungen bei der Verbesserung von Siedlungen, einschließlich Kleinstädten. In diesem Zusammenhang schlug die kasachische Seite sogar vor, Architekten und Mitarbeiter des Wohnungs- und Kommunalwesens aus Gomel nach Pawlodar einzuladen, damit sie dort eine Zeit lang arbeiten und ihre Erfahrungen weitergeben können. Ein weiterer vielversprechender Bereich der Zusammenarbeit ist der Kauf von Landmaschinen von Gomselmash: "Wir sprechen über den Mähdrescher KZS-5, der für die Arbeit auf kleinen Feldern, vor allem in landwirtschaftlichen Betrieben, konzipiert ist"[70]. Diese vielversprechenden Bereiche der Zusammenarbeit zwischen

und Stärkung der Integration / K. Bozumbajew // Eurasische Wirtschaftsunion: regionaler Aspekt : Informationsprojekt / zusammengestellt, befragt. B. Zalesskiy, M. Valkovskiy, A. Mostovoy. - Minsk : Biznesofset, 2014. - C. 177-178.
69 Sidorchik, V. Delegation der Region Pawlodar in Kasachstan besucht am 1920. April die Region Gomel / V. Sidorchik // [Elektronische Ressource] . 2017. - URL: http://www.belta.bv/regions/view/delegatsiia-pavlodarskoi-oblasti-kazahstana-posetit-gomelskii-region-19-20-aprelja-243412-2017/
70 Sidortschik, W. Der Leiter der Region Pawlodar interessierte sich für die belarussischen Erfahrungen in der Stadtentwicklung / W. Sidortschik // [Elektronische Quelle]. - 2017. - URL: http://www.belta.bv/regions/view/glavu-pavlodarskoj-oblasti-zainteresoval-belorusskij-opvt-blagoustrojstva-gorodov-243790-2017/.

der belarussischen und der kasachischen Region können durch den geplanten Ankauf von Jungvieh in Homiel für die Entwicklung der Milchwirtschaft in Kasachstan und die Ausweitung der Lieferungen von belarussischen Möbeln dorthin ergänzt werden. In der gleichen Reihe steht die Interaktion der freien Wirtschaftszonen auf dem Territorium der Regionen, deren Vereinbarung in Gomel im Rahmen des interregionalen Treffens unterzeichnet wurde und die sich als sehr produktiv erweisen kann. Die freie Wirtschaftszone der Region Pawlodar lädt nämlich interessierte Partner zur Teilnahme an Projekten zur gemeinsamen Nutzung von Bodenschätzen auf ihrem Gebiet ein. Insbesondere entsteht in dieser kasachischen Region derzeit "ein Aluminium-Cluster unter Beteiligung großer Unternehmen aus Deutschland, Polen und der Türkei"[71] , an dem belarussische Vertreter dieses Marktsegments teilnehmen könnten.

Es ist wichtig zu erwähnen, dass das Interesse der Region Pawlodar an der Entwicklung partnerschaftlicher Beziehungen mit Belarus nicht nur auf die Region Gomel beschränkt ist. So zeigte die kasachische Seite im Gebiet Minsk großes Interesse an einer Zusammenarbeit beim Bau von Milchviehbetrieben. Bei der Übergabe eines Pakets von Standardprojekten für landwirtschaftliche Einrichtungen an die Pawlodaren erklärten sich die Vertreter der belarussischen Hauptstadtregion bereit, die Pawlodaren nicht nur zu diesem Thema zu beraten, sondern auch Molkereikomplexe zu beiderseitig vorteilhaften Bedingungen zu bauen. Die in der Region Pawlodar gelegene Stadt Ekibastuz und der Minsker Bezirk Partizanskij haben im April 2017 eine Vereinbarung über den "Ausbau der handelspolitischen und wirtschaftlichen Zusammenarbeit, die Unterstützung bei der Herstellung von Kontakten zwischen Wirtschaftssubjekten, die Organisation von Ausstellungen, Messen und Wirtschaftsforen sowie die Entwicklung der Zusammenarbeit in den Bereichen Bildung, Kultur, Sport und Tourismus"[72] unterzeichnet.

---

71 Die Regionen Pawlodar und Minsk zeigen gegenseitiges Interesse an der Entwicklung der Zusammenarbeit in der Landwirtschaft [Elektronische Quelle]. - 2017. - URL: http://www.belta.by/regions/view/pavlodarskaja-i-minskaja-oblasti-projavlj_ajut-vzaimnyj_-interes-k-razvitiju-sotrudnichestva-v-selskom-243719-2017/
72 Der Partizanskij Bezirk von Minsk hat ein Kooperationsabkommen *mit der* kasachischen Stadt

Gebiet Witebsk - Woiwodschaft Łódź: Die Geographie der Beziehungen weitet sich aus

Anfang März 2017 jährte sich die Aufnahme diplomatischer Beziehungen zwischen Belarus und Polen zum 25. Mal. Ein charakteristischer Trend der letzten Zeit ist eine spürbare Intensivierung des Dialogs nicht nur auf der Ebene der Regierungs- und Parlamentsführungen beider Länder, sondern auch auf der Ebene einzelner Regionen. Schließlich basiert ihre Interaktion in der Regel auf der pragmatischen Komponente in Form von Handels- und Wirtschaftskooperationen, der Durchführung gemeinsamer Investitionsprojekte und einer umfassenden industriellen Zusammenarbeit. Die Zahlen zeigen, dass "in 25 Jahren diplomatischer Beziehungen 83 Partnerschafts- und Kooperationsabkommen und 3 Abkommen über die Absicht der Zusammenarbeit zwischen verschiedenen Städten und Regionen von Belarus und Polen unterzeichnet wurden"[73] . Heute können wir eine sehr enge Zusammenarbeit der Region Grodno mit der Woiwodschaft Podlaskie, der Region Brest mit der Woiwodschaft Lublin, der Region Mogilev mit der Woiwodschaft Kujawien-Pommern und der Region Gomel mit der Woiwodschaft Lubuskie feststellen. Offensichtlich wird die Region Witebsk ihre Partnerschaft mit der Woiwodschaft Lodz auf eine qualitativ neue Ebene der Zusammenarbeit bringen.

Sie haben bereits 2009 ein Partnerschaftsabkommen unterzeichnet. Die Erfahrungen mit der Umsetzung dieses Dokuments haben jedoch gezeigt, dass sich die Parteien bis vor kurzem hauptsächlich auf den kulturellen Austausch konzentrierten. Heute sind die belarussisch-polnischen Beziehungen von dem Wunsch geprägt, Kontakte in allen Bereichen zu entwickeln, um eine "pragmatische und konstruktive

---

Ekibastuz unterzeichnet   [Elektronische Quelle   ]   .   2017. -
URL:
http://www.belta.by/regions/view/partizanskij-rajon-minska-podpisal-soglashenie-o-sotrudnichesthestve-s-kazahstanskim-gorodom-ekibastuzom-243437-2017/
73 Interview des Außerordentlichen und Bevollmächtigten Botschafters der Republik Belarus in Polen A. Averyanov mit der Nachrichtenagentur BelTA (1. März 2017). Averyanov an die Nachrichtenagentur "BelTA" (1. März 2017) // [Elektronische Quelle]. - 2017. - URL: http://mfa.gov.by/press/smi/f247df4969db2386.html.

Zusammenarbeit im Interesse der Völker von Belarus und Polen"[74] auszubauen. Aus diesem Grund erscheint die Unterzeichnung von fünf Kooperationsabkommen zwischen den Kreisen der Region Witebsk und den Gemeinden der Woiwodschaft Lodz im März 2017 absolut zeitgemäß und sehr ermutigend. "Der Kreis Vitebsk und die Gemeinde Gomunice, der Kreis Senno und Goszczanów, der Kreis Shumilinski und Maków, der Kreis Polotsk und Zgierz, der Kreis Gorodoki und die Stadt Opoczno werden Partnerschaften in den Bereichen Handel und Wirtschaft, Soziales und Kultur entwickeln. Darüber hinaus unterzeichneten der Kreis Uszacz und die Gemeinde Tomaszów Mazowiecki ein Absichtsprotokoll über die Zusammenarbeit"[75]
.

Die Parteien haben die Absicht, die Handelsbeziehungen auszubauen und den gegenseitigen Handelsumsatz zu steigern. Darüber hinaus verfügen die Parteien der unterzeichneten Dokumente über eine breite Palette von Verarbeitungstechnologien in den Bereichen Schuhe, Textilindustrie, Fleisch- und Milchproduktion, Bauwesen und Holzverarbeitung. Aus diesem Grund haben die Vertreter der Region Witebsk den polnischen Partnern bereits eine Reihe von Projekten in den Bereichen Milchverarbeitung, Fleischproduktion, Babynahrung, Trinkwasser, Schneiderei, Flachs- und Rapsanbau vorgeschlagen. Darüber hinaus gibt es in der belarussischen Region eine Reihe von internationalen Kooperationsprojekten wie z.B. Abfallbehandlungsanlagen, Bau von Wasserkraftwerken und Logistikzentren, u.a. am Flughafen Witebsk.

Die Woiwodschaft Łódź wiederum ist für belarussische Partner interessant, weil diese polnische Region auf die landwirtschaftliche Produktion - Milchprodukte und Obst - spezialisiert ist. Industrieunternehmen entwickeln sich hier aktiv. Gerade die Lage der Woiwodschaft an der Kreuzung der Verkehrswege schafft eine

---

74 Alexander Lukaschenko gratuliert dem polnischen Präsidenten Andrzej Duda [Elektronische Quelle]. - 2017. - URL: http://president.gov.by/ru/news_ru/view/aleksandr-lukashenko-pozdravil-prezidenta-polshi-andzheja-dudu-15671/.
75 Die Region Witebsk und die Woiwodschaft Łódź erweitern die interregionale Zusammenarbeit [Elektronische Ressource]. - 2017. - URL: http://www.belta.by/regions/view/vitebskaja-oblast-i-lodzinskoe-voevodstvo-rasshirjajut-mezhregionalnoe-sotrudnichestvo-239226-2017/.

vielversprechende Grundlage für die gemeinsame Entwicklung der Logistikinfrastruktur und den gemeinsamen Zugang zu den größten Märkten der Europäischen und Eurasischen Wirtschaftsunion. Um jedoch auf den ausländischen Märkten erfolgreich konkurrieren zu können und ein bedeutendes finanzielles Ergebnis zu erzielen, müssen die Parteien ihre Zusammenarbeit vertiefen und gemeinsame Produkte mit hohem Mehrwert schaffen. Um diese Aufgabe zu lösen, "ist es notwendig, zusammen mit den polnischen Partnern eine einzige technologische Kette zu bilden: Finanzierung - Schaffung von Innovationen - Einführung in die Produktion"[76].

Die Freie Wirtschaftszone Vitebsk kann gute Bedingungen für polnische Unternehmen bieten. Anfang 2017 gab es dort bereits 36 Unternehmen mit Kapital aus 14 Ländern, die in Bereichen wie Maschinenbau, Elektronik, Veterinärmedizin, Chemie, Brennstoffe, Lebensmittel und Leichtindustrie tätig sind. Darüber hinaus "schloss die Verwaltung der FWZ im Jahr 2016 sechs Kooperationsvereinbarungen mit ausländischen Organisationen ab, die bei der Suche nach potenziellen Investoren behilflich sein können, darunter der Lubliner Business Club und die Agentur für regionale Entwicklung in Lodz (Polen)"[77]. Die konkrete Arbeit an der Ausweitung der belarussisch-polnischen interregionalen Zusammenarbeit scheint auf dem 6. internationalen Wirtschaftsforum "Innovationen. Investitionen. Prospects", das im Mai 2017 in Vitebsk stattfinden wird, fortgesetzt zu werden, wo das Geschäftsprogramm neben der Geschäftskontaktbörse "Perspective scientific and technical developments and innovative development of the region" und der internationalen wissenschaftlichen und praktischen Konferenz "Energy and Resource Saving-2017" auch den Abschnitt "FEZs as a promising platform for attracting external investments" beinhalten wird.

---

76 Die Schaffung eines gemeinsamen Produkts wird es den Unternehmen von Witebsk und Lodz ermöglichen, erfolgreich zu konkurrieren - Matskevich   [Elektronische Ressource   ]   .
2017.   - URL:
http://www.belta.by/regions/view/sozdanie-sovmestnogo-produkta-pozvolit-predprijatijam-vitebska-i-lodzi-uspeshno-konkurirovat-matskevich-239246-2017/
77 FEZ "Vitebsk" Bewohner im Jahr 2016 erweitert die Geographie der Exportlieferungen zu 6 Ländern [Elektronische Ressource]. - 2017. - URL: http://www.belta.by/regions/view/rezidenty-sez- vitebsk-v-2016-godu-rasshirili-geografiju-eksportnyh-postavok-na-6-stran-233960-2017/

Belarus-Türkei: Auf dem Weg zu neuen Formen der regionalen Interaktion

Der Besuch des türkischen Präsidenten R.T. Erdoğan in Belarus im November 2016, der erste Besuch in der Geschichte der bilateralen Beziehungen, könnte zu einem Wendepunkt in den belarussisch-türkischen Beziehungen werden. Erstens wurde das Ziel gesetzt, einen gegenseitigen Handelsumsatz von einer Milliarde Dollar zu erreichen. Zweitens beschlossen die Parteien, sich auf die maximale Nutzung des Potenzials des Handels und der wirtschaftlichen Interaktion zu konzentrieren, wobei der Schwerpunkt auf der Schaffung "gemeinsamer Produktionsanlagen für komplexe technische Produkte in den Regionen von Belarus und der Türkei, auch zum Zweck ihrer Förderung auf den Märkten von Drittländern"[78] und der Organisation gemeinsamer Industriezonen liegt.

Die Tatsache, dass die türkische Präsenz in vielen belarussischen Regionen ganz alltäglich geworden ist, wird durch die Fakten belegt. So sind beispielsweise allein in **Minsk** 96 Unternehmen mit türkischem Kapital registriert, darunter 14 Joint Ventures und 82 ausländische Unternehmen, die in den Bereichen Bauwesen, Gastgewerbe, Handel, Lebensmittel und Leichtindustrie tätig sind. In den ersten neun Monaten des Jahres 2016 stieg der Handelsumsatz mit türkischen Partnern in der belarussischen Hauptstadt für kommunale Unternehmen und Unternehmen ohne departementale Unterordnung um fast 60 Prozent und überstieg 212 Millionen Dollar, während der Export von Dienstleistungen fast 30 Millionen Dollar erreichte und einen Überschuss von 1,1 Millionen Dollar erzielte. Aus Minsk in die Türkei wurden "Holz, Autoteile, Erdöl und Erdölprodukte, Holzprodukte, Sperrholz, Instrumente und Geräte für die Medizin, Rohre, Tischlereierzeugnisse"[79] geliefert.

Die Region Brest hat auch begonnen, die Wirtschaftsbeziehungen mit den türkischen

---

78 Offizieller Besuch des türkischen Staatspräsidenten Recep Tayyip Erdogan [Elektronische Ressource]. - 2016. - URL: http://president.gov.by/ru/news_ru/view/ofitsialnyj-vizit-prezidenta-turtsii- redzhepa-tajipa-erdogana-14820/.
79 Matveeva, N. 96 Unternehmen mit türkischer Kapitalbeteiligung sind in Minsk registriert / N. Matveeva // [Elektronische Quelle]. - 2016. - URL: http://www.belta.by/regions/view/v- minske-zaregistrirovano-96-predprijatij-s-uchastiem-turetskogo-kapitala-218824-2016/.

Partnern wiederherzustellen, deren Exporte in den ersten drei Quartalen 2016 um ein Drittel gestiegen sind, wobei der Außenhandel mit diesem Land insgesamt um 96 Prozent zugenommen hat, was sich auf fast 23 Millionen Dollar beläuft. Zu den größten Anbietern von Waren auf dem türkischen Markt gehören Hersteller aus der Region Brest wie GAG "Holdinggesellschaft "Pinskdrev", LLC "Belshpondrev", OJSC "Massidrev", die Möbel und andere Holzprodukte exportieren. Darüber hinaus werden aus der Region "Ausrüstungen, Platten für Verkleidungen, Monofilamente, Gießereipaletten" in die Türkei geliefert[80].

In der **Region Mogilev** werden allein auf dem Gebiet der freien Wirtschaftszone "Mogilev" gleich drei Projekte mit Beteiligung türkischer Investitionen realisiert: Karbelteks IOOO - Produktion von Heimtextilien; SBI Kauchuk IOOO - Produktion von Gummiprodukten; BelEmsa LLC - Organisation der Produktion von Körperpflegeprodukten. Es wird angenommen, dass in der Zukunft eine ganze türkische Industriezone auf dem Gebiet dieser FEZ entstehen wird. Zumindest wurde bereits ein freies Grundstück mit der notwendigen technischen und logistischen Infrastruktur als Standort für Investitionen von Unternehmen aus der Türkei angeboten. "Der Schwerpunkt der türkischen Industriezone soll auf der Produktion von Autoteilen, Werkzeugmaschinen, der Entwicklung der chemischen Industrie und der Holzverarbeitung liegen"[81].

Etwas Ähnliches könnte sich auch in der **Region Grodno** ergeben, wo Vertreter der türkischen gemeinsamen Industriezone Ikitelli, der größten in Istanbul, bereits das Potenzial für die Ansiedlung von Unternehmen in der freien Wirtschaftszone Grodnoinvest prüfen. Hier wird der türkischen Seite angeboten, Produktionsanlagen in einem der sieben Cluster anzusiedeln, die die Holz- und Metallverarbeitung, den Maschinenbau, die chemische und ölverarbeitende Industrie, den agroindustriellen

80 Region Brest steigert Exporte in die Türkei von Januar bis September um fast 30 % [Elektronische Quelle]. - 2016. - URL: http://www.belta.by/regions/view/brestskaja-oblast-narastila-eksport-v-turtsiju-za-janvar-sentjabr-pochti-na-30-218733-2016/.
81 Kuljagin, S. Schaffung der türkischen Industriezone in der FWZ "Mogilew" - ein vielversprechendes Projekt - Verwaltung / S. Kuljagin // [Elektronische Quelle]. - 2016. - URL: http://www.belta.by/economics/view/sozdanie-turetskoj-promyshlennoj-zony-v-sez-mogilev-Perspektivnyj -proekt-administratsija-218783-2016/.

Komplex, die Leichtindustrie, die Logistik und den Tourismus betreffen. Und es wurden bereits "Grundstücke für die Sonderzone für türkische Investitionen in Hrodna, Lida und Smarhoni ausgewählt"[82] , so dass Geschäftsleute aus der Türkei ihre Projekte in mehreren Clustern gleichzeitig durchführen könnten.

Zumal sie bereits Erfahrung mit der Umsetzung von Investitionsprojekten in der Region Grodno haben: "Das Investitionsportfolio türkischer Unternehmen in der Region Grodno überstieg 2016 10 Millionen Dollar"[83] . Insbesondere wird mit der Beteiligung des türkischen Kapitals auf der Grundlage des Werks für Dach-, Bau- und Veredelungsmaschinen in Wolkowysk die Produktion von Heizkörpern der neuen Generation und Komponenten für diese geschaffen. Und in Ostrovets hat die Assoziation für geschäftliche Zusammenarbeit "Türkisches Kapital" im November 2016 ein Projekt zum Bau eines 3-Sterne-Hotels mit einem Investitionsvolumen von rund 12 Millionen Dollar umgesetzt. Dort planen türkische Investoren den Bau eines Apartmenthauses und unweit des Kontrollpunktes "Kotlovka" eine multifunktionale Raststätte mit Hotel, Tankstellen, Restaurant, Café und Parkplätzen für Pkw und Lkw: "Die Investitionssumme wird etwa 30 Millionen Dollar betragen"[84] . Turkish Capital ist auch an Braslav in der **Region Vitebsk** interessiert, wo ein agrotouristischer Komplex gebaut werden soll.

---

82 Stasiukevich, E. Vertreter der türkischen Industriezone ISKOBIR untersuchen das Potenzial der Platzierung von Produktionsanlagen in der FWZ "Grodnoinvest" / E. Stasiukevich // [Elektronische Ressource]. - 2016. - URL: http://www.belta.by/newscompany/view/predstaviteli-turetskoj-promzony-iskobir- izuchajut-potentsial-razmeschenija-proizvodstv-v-sez-220628-2016/.
83 Türkische Investitionen in der Region Grodno im Jahr 2016 überstiegen 10 Millionen Dollar [Elektronische Quelle]. - 2016. - URL: http://www.belta.by/regions/view/turetskie-investitsii-v-grodnenskoj-oblasti-v-2016-godu-prevysili-10-mln-219510-2016/
84 Türkische Unternehmen sind an Investitionen in kleinen belarussischen Städten interessiert [Elektronische Quelle]. - 2016. - URL: http://www.belta.by/economics/view/turetskij-biznes-zainteresovan-v-investirovanii-v-malye-belorusskie-goroda-219503-2016/.

Belarus-China: Auf dem Weg zur gemeinsamen Innovation

Das hochrangige Forum zur internationalen Zusammenarbeit im Rahmen der Initiative "One Belt and One Road", das im Mai 2017 in Peking stattfand, lenkte die Aufmerksamkeit der Weltgemeinschaft auf die Tatsache, dass das Megaprojekt der wiederauflebenden neuen Großen Seidenstraße nicht nur eine Handelsroute ist, sondern ein Kanal für die Bewegung von Ideen und die gemeinsame Schaffung von Innovationen auf der Grundlage ihrer eigenen nationalen technologischen Entwicklungen, die auf Algorithmen zur Verknüpfung der wissenschaftlichen Potenziale der an dieser globalen Initiative beteiligten Länder basieren sollten. Die Republik Belarus sieht eine der wichtigsten Bewegungsrichtungen auf diesem Weg in der "Bildung von Zentren für Forschung und wissenschaftlichen Austausch auf zwischenstaatlicher Ebene und mit staatlicher Unterstützung"[85] und unternimmt bereits konkrete Schritte zur Lösung dieses Problems, insbesondere in Zusammenarbeit mit der Volksrepublik China.

Weißrussland und China haben seit Anfang der 1990er Jahre wissenschaftliche und innovative Kontakte aufgebaut. Seit 2016 zählt die Republik Belarus die Bildung gemeinsamer Forschungs- und wissenschaftlich-praktischer Zentren und die gemeinsame Entwicklung der sektoralen Wissenschaft zu den Schlüsselbereichen der vertrauensbasierten umfassenden strategischen Partnerschaft und der für beide Seiten vorteilhaften Zusammenarbeit mit der Volksrepublik China. In diesem Segment der belarussisch-chinesischen Interaktion gibt es drei Hauptvektoren. Der erste ist der Bereich der wissenschaftlichen Forschung, in dem die Parteien an der Umsetzung großer gemeinsamer Projekte beteiligt sind. Zweitens im Bereich der Innovation, wo ein Netz gemeinsamer Innovationszentren und wissenschaftlicher Laboratorien gebildet und ausgebaut wird. Der dritte Bereich ist die Bildung, wo gemeinsame Schulungen und gegenseitige Praktika von Spezialisten, Lehrern und Studenten stattfinden. Die fortschreitende Entwicklung der bilateralen Beziehungen in diesen

---

85 Teilnahme am Runden Tisch der Staatsoberhäupter im Rahmen des Forums "One Belt and One Road". [Elektronische Ressource]. - 2017. - URL: http://president.gov.by/ru/news ru/view/uchastie-v- kruglom-stole- glav- gosudarstv-na-forum-odin-pojas-i-odin-put-16194/.

Bereichen wird durch die folgenden Fakten belegt.

Derzeit laufen bereits 28 belarussisch-chinesische wissenschaftliche und wissenschaftlich-technische Projekte, darunter solche in den Bereichen Mikroelektronik, optische und Lasertechnologien, Biotechnologien und neue Materialien. Die Liste wurde nach der ersten Sitzung der Kommission für wissenschaftliche und technische Zusammenarbeit des belarussisch-chinesischen zwischenstaatlichen Komitees für Zusammenarbeit im Juni 2016 in Minsk und Brest genehmigt. Mit anderen Worten: Die Zahl der gemeinsamen Projekte stieg auf einen Schlag um 40 Prozent. "Eine weitere sehr wichtige Neuerung ist, dass das chinesische Ministerium für Wissenschaft und Technologie zum ersten Mal die Frage der direkten gezielten Finanzierung dieser Projekte ausarbeitet. Zuvor gab es so etwas nicht, die Finanzierung lief über verschiedene Linien"[86] .

Bis Mai 2017 haben die Parteien 11 Sitzungen der Kommission für die Zusammenarbeit in Wissenschaft und Technologie des zwischenstaatlichen Ausschusses abgehalten, in denen viele aktuelle Themen behandelt wurden, darunter die gemeinsame Finanzierung von Innovationsprojekten. Ein Meilenstein in dieser Hinsicht war das belarussisch-chinesische Forum zur Kommerzialisierung der Ergebnisse wissenschaftlicher und technologischer Aktivitäten, das im August 2016 in Minsk stattfand und an dem rund 150 Vertreter aus Wissenschaft und Wirtschaft teilnahmen und etwa 200 innovative Projekte vorstellten. Als Ergebnis des Forums wurde eine Liste von 43 vielversprechenden wissenschaftlich-technischen und innovativen Projekten erstellt, die das größte Interesse bei potenziellen Investoren geweckt haben. Darüber hinaus wurden auf dem Forum Dokumente über die Zusammenarbeit zwischen Belarus und China in den Bereichen Industrie, Finanzen und Forschung sowie über die Zusammenarbeit zwischen dem belarussischen Innovationsfonds und chinesischen Risikokapitalgesellschaften bei der Entwicklung

---

86 Mihovich, S. Belarus und China planen für 2016-2017 die Durchführung von etwa 30 gemeinsamen wissenschaftlich-technischen Projekten / S. Mihovich // [Elektronische Quelle]. - 2016. - URL: http://www.belta.by/society/view/belarus-i-kitaj-planirujut-realizovat-v-2016-2017-godah-
okolo-30-sovmestnyh-nauchno-tehnicheskih-206324-2016/

des Marktes für privates Beteiligungskapital und Risikokapital unterzeichnet. Gleichzeitig wurde ein Abkommen über die Einrichtung eines Zentrums für die Entwicklung innovativer Technologien im Bereich der Industrialisierung wissenschaftlicher und technologischer Errungenschaften unterzeichnet.

Im September 2016 unterzeichneten das Staatskomitee für Wissenschaft und Technologie der Republik Belarus und das Ministerium für Wissenschaft und Technologie der Volksrepublik China eine Vereinbarung über die Zusammenarbeit bei der gemeinsamen Finanzierung von belarussisch-chinesischen wissenschaftlichen und wissenschaftlich-technischen Projekten, die es der chinesischen Seite ermöglicht, gemeinsame Projekte direkt zu finanzieren. Gleichzeitig hieß es, dass "eine Liste von 25 gemeinsamen belarussisch-chinesischen wissenschaftlichen und wissenschaftlich-technischen Projekten für 2016-2017 vorbereitet und genehmigt wurde"[87] . Und Ende Dezember 2016 wurde in Minsk das Chinesisch-Belarussische Zentrum für die Kommerzialisierung von Innovationen eröffnet, das "wissenschaftliche, technische und Innovationsprojekte unterstützen und Investoren suchen soll, um gemeinsame Produktionsanlagen auf der Grundlage des Industrieparks Großer Stein zu schaffen"[88] . Dass die wissenschaftlich-technische Zusammenarbeit zwischen Weißrussland und China ein qualitativ neues Niveau erreicht hat, wird auch durch eine Reihe anderer Fakten belegt.

So unterzeichneten Mitte Mai 2017 das Staatliche Komitee für Wissenschaft und Technologie von Belarus, die chinesische Investmentgesellschaft China Merchants Capital und die Industriepark-Entwicklungsgesellschaft eine Vereinbarung über die wichtigsten Bedingungen des Vertrags über die Gründung des chinesisch-belarussischen Risikofonds Great Stone, dessen Umfang mindestens 20 Millionen

---

87 Die besten gemeinsamen Projekte junger Wissenschaftler aus Belarus und China werden finanziell unterstützt [Elektronische Quelle]. - 2016. - URL: http://www.belta.by/society/view/luchshie-   sovmestnye-proekty-molodyh-uchenyh-belarusi-i-i-kitaja-poluchat-finansovuju-podderzhku-221347- 2016/.
88 Karuna, O. Chinesisch-Belarussisches Zentrum für die Kommerzialisierung von Innovationen in Minsk eröffnet / O. Karuna // [Elektronische Quelle]. - 2016. - URL: http://www.belta.by/society/view/kitajsko-   belorusskij-tsentr-kommertsializatsii-innovatsij-otkryt-v-minske-225839-2016/.

US-Dollar betragen wird. Die Gründer der neuen Struktur - der Belarussische Innovationsfonds, der Chinesisch-Belarussische Industrie-Investitionsfonds und die Industriepark-Entwicklungsgesellschaft - beabsichtigen, diese Investitionen in den High-Tech-Sektor zu lenken - "High-Tech, innovative Produkte und Innovationen in traditionellen Wirtschaftszweigen"[89]. Der Fonds plant, die Anfangsphase von Projekten im Industriepark zu finanzieren: "Das können unbemannte Luftfahrzeuge (NAS-Projekte), Projekte in der Lebensmittelindustrie (BSU hat beispielsweise essbare Verpackungsfolien entwickelt) sein"[90]. Und die Parteien haben bereits mit der Suche nach Risikoprojekten begonnen, "um sie auf Kosten des belarussisch-chinesischen Fonds noch in diesem Jahr zu finanzieren"[91], da die Gründungsdokumente in den kommenden Sommermonaten vorbereitet werden und der Fonds selbst bis zum 1. September 2017 eingerichtet werden soll.

Nur eine Woche später - in den zwanzigsten Maitagen 2017 - fand in Minsk das belarussisch-chinesische Wissenschafts- und Technologieforum statt, das von der Nationalen Akademie von Belarus, der Volksregierung von Harbin, dem Staatskomitee für Wissenschaft und Technologie von Belarus, der Wissenschafts- und Technologieverwaltung von Harbin, dem Republikanischen Zentrum für Technologietransfer und der Akademie der Wissenschaften der Provinz Heilongjiang organisiert wurde. Mehr als vierhundert Wissenschaftler und Experten aus beiden Ländern nahmen an dem Forum teil. Sie erörterten vielversprechende Bereiche und Mechanismen für die Entwicklung der wissenschaftlich-technischen Zusammenarbeit zwischen Belarus und China im Rahmen der Umsetzung des Konzepts "Ein Gürtel

89 Weißrussland und China haben sich auf die wichtigsten Bedingungen für den Joint-Venture-Fonds geeinigt   [Elektronische Quelle   ]   .   2017.   - URL: http://www.belta.by/economics/view/belarus-i-kitaj-dogovorilis-o-kljuchevyh-uslovijah-dejatelnosti-sovmestnogo-venchurnogo-fonda-247427-2017/
90 Karuna, O. Belarus und China gründen einen Risikokapital-Investitionsfonds *mit einem* Anfangsvolumen von 20 Millionen Dollar / O. Karuna // [Elektronische Ressource]. - 2016. - URL: http://www.belta.by/society/view/belarus-i-kitaj-sozdajut-fond-venchurnyh-investisij-s-pervonachalnym-objemom-20-mln-225848-2016/.
91 Matievsky, M. Belarus und China wollen bis September 2017 einen Joint-Venture-Fonds einrichten   /   M.   Matievsky   //   [Elektronische   Quelle].   -   2017.   -   URL: http://www.belta.by/economics/view/belarus-i-kitaj-rasschityvajut-uchredit-sovmestnyj-venchurnyj-fond-k-sentjabrju-2017- goda-247444-2017/.

und eine Straße", die als Prioritäten für die spätere Umsetzung gemeinsamer wissenschaftlich-technischer Projekte identifiziert wurden und zu denen "Fragen der Entwicklung der Zusammenarbeit im Bereich neuer Materialien und Technologien, energiesparender Technologien, Lebensmittelindustrie, Landwirtschaft und Bautechnologien" gehören[92]. Ein solch umfassender Ansatz macht das Belarussisch-Chinesische Wissenschafts- und Technologieforum zu einer sehr wichtigen Etappe in der Entwicklung der gesamten wissenschaftlichen und innovativen Interaktion zwischen Minsk und Peking, die die Bildung neuer, für beide Seiten vorteilhafter Programme und Projekte in fortgeschrittenen Wissenschafts- und Technologiebereichen gewährleistet.

Es ist kein Zufall, dass Vertreter der chinesischen Provinz Heilongjiang und ihres Verwaltungszentrums Harbin zu den Organisatoren dieses wissenschaftlich-technischen Forums gehörten. Dies erklärt sich aus ihrem ernsthaften Wunsch, gemeinsame Labors und wissenschaftlich-technische Zentren mit Partnern in Belarus zu schaffen. Darüber hinaus planen die Parteien bereits "die Intensivierung der wissenschaftlich-technischen Zusammenarbeit in den Bereichen Medizin und Pharmazie, Industrie, Ökologie und Landwirtschaft sowie die Umsetzung mehrerer innovativer Projekte auf der Grundlage des chinesisch-weißrussischen Industrieparks "Großer Stein""[93]. An dieser Stelle sei daran erinnert, dass bereits im Juni 2016 das Chinesisch-Belarussische Zentrum für Agrarmikrobiologie in Harbin eröffnet wurde, wo in der ersten Phase die Umsetzung des Projekts "Mikrobielle Technologie zur Beseitigung von Ölverschmutzungen und unfallbedingten Ölverschmutzungen" sowie "die Schaffung einer Pilotzone zur Beseitigung von Ölverschmutzungen in

---

92 Mehr als 400 Wissenschaftler und Experten nehmen am belarussisch-chinesischen wissenschaftlich-technischen Forum teil [Elektronische Quelle]. - 2017. - URL: http://www.belta.by/society/view/bolee-400-   uchenyh-i-ekspertov-uchastvujut-v-belorussko-kitajskom-nauchno-tehnicheskom-forume-248649- 2017/.
93 Weißrussland und China erörterten die Aussichten für die Schaffung gemeinsamer wissenschaftlicher und technischer Zentren [Elektronische Ressource]. - 2017. - URL: http://www.belta.by/society/view/belarus-i-kitaj-   obsudili-perspektivy-sozdanija-sovmestnyh-nauchno-tehnicheskih-tsentrov-248589-2017/.

China"[94] geplant ist.

Ein weiteres neues Subjekt der belarussisch-chinesischen Innovationsinfrastruktur soll auf der Grundlage der Belarussischen Nationalen Technischen Universität und des chinesisch-belarussischen Industrieparks Veliky Kamen geschaffen werden. Die Vereinbarung über die Einrichtung und Organisation der Aktivitäten eines solchen gemeinsamen Zentrums für die Inkubation innovativer Projekte wurde Mitte Mai 2017 vom Staatskomitee für Wissenschaft und Technologie von Belarus und dem Ministerium für Wissenschaft und Technologie von China unterzeichnet. Es wird davon ausgegangen, dass dieses Zentrum Unternehmern und Teilnehmern der jungen Startup-Bewegung Unterstützung in den Bereichen Wissenschaft, Technologie und Innovation bieten wird. Zu diesem Zweck wird "seine Struktur ein Startup-Zentrum, einen Expertenrat, ein Co-Working-Zentrum und ein Rapid-Prototyping-Labor umfassen"[95].

Vor diesem Hintergrund wird die Aktivierung der belarussisch-chinesischen Wissenschafts- und Innovationsinteraktion zu einem immer wichtigeren Bereich der Zusammenarbeit.

die Zusammenarbeit zwischen Weißrussland und regionalen wissenschaftlichen Einrichtungen in China, die bereits durch eine Vielzahl von Partnerschaften mit großem Innovationspotenzial gekennzeichnet ist. Ein beredtes Beispiel dafür ist das chinesische Unternehmen Huawei, das "mit dem A.V. Lykov-Institut für Wärme- und Stoffübertragung ein Wissenschafts- und Technologiezentrum in Belarus einrichtet". Auch andere Institute der Nationalen Akademie der Wissenschaften von Belarus entwickeln eine für beide Seiten vorteilhafte Zusammenarbeit in verschiedenen Bereichen, insbesondere in der unbemannten Luftfahrt, der Nanotechnologie und der

---

94 Chinesisch-Belarussisches Zentrum für landwirtschaftliche Mikrobiologie in Harbin eröffnet [Elektronische Quelle]. - 2016. - URL: http://www.belta.by/society/view/kitajsko-belorusskij-tsentr- selhozmikrobiologii-otkrylsja-v-harbine-198355-2016/.
95 Weißrussland und China haben ein Abkommen über die Einrichtung eines Zentrums für die Förderung innovativer Projekte unterzeichnet [Elektronische Quelle] . 2017. - URL: http://www.belta.by/economics/view/belarus-i-kitaj-podpisali-soglashenie-o-sozdanii-tsentra-po-inkubirovaniju-innovatsionnyh-proektov-247121-2017/

Materialwissenschaft"[96] . Insbesondere solche Struktureinheiten der Nationalen Akademie der Wissenschaften von Belarus wie das Institut für Physik und Technologie, das Stepanow-Institut für Physik, das Institut für Chemie neuer Materialien, das Institut für Mikrobiologie und der Zentrale Botanische Garten, die eine Reihe gemeinsamer Projekte von gegenseitiger Bedeutung entwickelt haben, leisten einen wichtigen Beitrag zur Umsetzung der Hauptrichtungen der wissenschaftlich-technologischen und innovativen Zusammenarbeit mit chinesischen Wissenschaftlern und Forschern. Insgesamt "führt die Nationale Akademie von Belarus Projekte im Wert von über 4 Millionen Dollar in China durch. <...> Es ist realistisch, mindestens das Zehnfache zu erreichen"[97] .

So führt HAH Belarus zusammen mit der Universität Ningbo das Projekt "Druckbehandlungsverfahren und eine Reihe von Ausrüstungen für das wirtschaftliche Präzisionswalzen von Wellen mit spiralförmigen Oberflächen" durch, dessen Ergebnisse in Belarus zur Herstellung von Verankerungen der neuen Generation verwendet werden, die in der Bergbauindustrie eingesetzt werden und die Sicherheit der Arbeit unter Tage erheblich verbessern. "Das Projekt sieht den Export dieser Art von Produkten in den Jahren 2017-2020 in Höhe von über 800 Tausend Dollar vor"[98] . Darüber hinaus arbeiten Wissenschaftler der Belarussischen Akademie der Wissenschaften gemeinsam mit der BSU und dem chinesischen Unternehmen ZTE an der Gründung eines belarussisch-chinesischen Forschungslabors für Technologien des Internets der Dinge, das innovative Lösungen für die Überwachung von Gütertransportströmen sowie die Durchführung gemeinsamer Projekte und

---

96 Grischkewitsch, A. Weißrussland entwickelt wissenschaftliche Zusammenarbeit *mit* chinesischen regionalen Institutionen / A. Grischkewitsch //   [Elektronische Quelle]. - 2017. - URL: http://www.belta.by/society/view/belarus-razvivaet-nauchnoe-sotrudnichestvo-s-kitajskimi-regionalnymi-uchrezhdenijami-234788-2017/
97 HAH Belarus ist daran interessiert, chinesische Erfahrungen beim Verkauf wissenschaftlicher Entwicklungen zu erwerben [Elektronische Ressource]. - 2015. - URL: http://atom.belta.by/ru/news belta/view/nan- belarusi-zainteresovana-v-priobretenii-kitajskogo-opyta-po-prodazham-nauchnyx-razrabotok-5598/
98 Weißrussland und China planen die Durchführung von etwa 30 gemeinsamen wissenschaftlichen und technischen Projekten [Elektronische Quelle]. - 2016. - URL: http://www.belta.by/society/view/belarus-i- kitaj-planirujut-realizovat-okolo-30-sovmestnyh-nauchno-tehnicheskih-proektov-198938-2016/.

Forschungen im Bereich der REID-Technologien fördern soll. Darüber hinaus ist "in einer ganzen Reihe von Bereichen: Energie, Informationstechnologien, Lidar und Lidar-Technologien, Produktion von neuen Materialien"[99] das chinesische Unternehmen China Electronics Technology Group an einer Zusammenarbeit mit den Organisationen der Nationalen Akademie der Wissenschaften von Belarus interessiert.

Die Einrichtung gemeinsamer Wissenschafts- und Technologieparks und -zentren ist zu einem wichtigen Mechanismus für den Austausch im Bereich der Kommerzialisierung wissenschaftlicher Entwicklungen geworden. Mit den Regierungen der chinesischen Provinzen Henan, Shandong, Jilin und Guangdong wurden bereits Abkommen über die gegenseitige Einrichtung solcher Zentren geschlossen. Im Januar 2014 wurde zwischen dem Institut für Physik der Nationalen Akademie der Wissenschaften von Belarus und dem Institut für ozeanographische Instrumente der Akademie der Wissenschaften der Provinz Shandong ein Abkommen über die Einrichtung eines gemeinsamen Labors für optoelektronische und Lasertechnologien unterzeichnet. Im Mai 2016 unterzeichneten die Nationale Akademie der Wissenschaften von Belarus und die Akademie der Wissenschaften der Provinz Shandong ein Abkommen über umfassende wissenschaftlich-technische Zusammenarbeit, um den Übergang zu konkreten Projekten und Entwicklungen einzuleiten sowie "eine spezielle Organisation für den Transfer belarussischer Technologien für Unternehmen und Organisationen in der Provinz Shandong zu schaffen"[100]. Gleichzeitig wurde in Minsk das gemeinsame belarussisch-chinesische wissenschaftlich-technische Institut Zhong Xin" eröffnet, das vom Wissenschafts- und Praxiszentrum für Materialwissenschaften der Nationalen Akademie der Wissenschaften von Belarus und dem Elektronikunternehmen der Stadt Linyi in der

---

99 Chinesische Unternehmen sind an der Entwicklung der wissenschaftlichen und technischen Zusammenarbeit *mit* Belarus interessiert [Elektronische Ressource] - 2016. - URL: https ://belarus-online.by/?news=8108   kitajskie-kompanii-zainteresovany-razvivat-nauchno-tehnicheskoe-sotrudnichestvo-s-belarusjju-209431-2016
100 Karuna, O. Die chinesische Provinz Shandong ist am Transfer belarussischer Technologien interessiert / O. Karuna //   [Elektronische Quelle].   2016.   - URL: http://www.belta.by/society/view/kitajskaja-provintsija-shandun-zainteresovana-v-transfere-belorusskih-tehnologij-194533-2016/

Provinz Shandong gegründet wurde.

Es ist gut möglich, dass die Zusammenarbeit zwischen dem Staatlichen Komitee für Wissenschaft und Technologie von Belarus und der Zhongguancun Development Group, einem staatlichen Unternehmen, das 2010 zur Unterstützung und Entwicklung des Nationalen Innovations-Demonstrationsparks gegründet wurde, der 29 Tochtergesellschaften umfasst und von der Volksregierung in Peking finanziert wird, das Gesamtbild der belarussisch-chinesischen Wissenschafts- und Innovationszusammenarbeit bereichern wird. Zumindest bei der Diskussion über die Möglichkeiten gemeinsamer Projekte nannten die Parteien "Informations- und Kommunikationstechnologien, Luft- und Raumfahrt, Bio- und Nanoindustrie, Medizin und Pharmazie sowie energieeffiziente und industrielle Technologien" als vorrangige Bereiche[101] .

Die Hochschuleinrichtungen der beiden Länder bleiben von den Prozessen des Ausbaus der belarussisch-chinesischen Interaktion nicht unberührt. Sie haben bereits mehr als hundert Abkommen unterzeichnet und gemeinsame Labors und Forschungsstrukturen in Bereichen wie Optik, Elektronik, Magnetismus, Plasmatechnologien, Identifikationssysteme und Straßenbeläge eingerichtet. "Die jüngsten Vereinbarungen mit dem Wissenschaftsministerium der Volksrepublik China sehen 10 Millionen Dollar für die Finanzierung gemeinsamer Forschungsprojekte in vielversprechenden Bereichen vor"[102] . Genauer gesagt gibt es "mehr als 120 direkte Kooperationsvereinbarungen zwischen Hochschuleinrichtungen und -zentren in Belarus und China"[103] .

---

101 Weißrussland bot dem chinesischen Zhongguancun eine Partnerschaft für Risikokapitalinvestitionen und Hochtechnologie an [Elektronische Quelle]. - 2016.   - URL: http://www.belta.by/economics/view/belarus-predlozhila-kitajskoi-zhongguancun-partnerstvo-v-sfere-venchurnyh-investitsij-i-vysokih-211548-2016/
102 Interview des belarussischen Außenministers V. Makei mit der Nachrichtenagentur "BelTA" (13. Januar 2017, Minsk) [Elektronische Quelle]. - 2017. - URL: http://mfa.gov.by/press/smi/ace33f437fd634f6.html
103 Belarussische und chinesische Universitäten entwickeln Zusammenarbeit im Rahmen von mehr als 120 Abkommen [Elektronische Ressource]   - 2015.- URL: http://www.belarus.by/ru/press-center/press-release/belorusskie-i-kitajskie-vuzy-razvivajut-sotrudnichestvo-po-bolee-chem-120- dogovoram i

Die Belarussische Staatliche Universität für Informatik und Radioelektronik zeigt effektive Ergebnisse im Bereich gemeinsamer wissenschaftlicher und technischer Entwicklungen und beteiligt sich an der Umsetzung wichtiger gemeinsamer Projekte und Programme wie der Entwicklung und Herstellung von Mikrowellengeräten und - vorrichtungen, Software und Hardware für die Lösung von Problemen der elektromagnetischen Verträglichkeit und des Störungsschutzes von radioelektronischen Geräten sowie der Entwicklung und dem Transfer neuer Technologien im Bereich der Mikroelektronik und Hydroakustik. Es genügt zu sagen, dass im Jahr 2014 an dieser belarussischen Universität acht Verträge im Wert von fast 1,5 Millionen Dollar im Auftrag chinesischer Unternehmen und Organisationen erfüllt wurden. Im Zeitraum 2015-2016 wurden drei weitere Verträge mit einem Gesamtvolumen von 3,8 Mio. USD unterzeichnet.

Ein weiteres interessantes Beispiel ist das belarussisch-chinesische Forschungszentrum, das vom Wissenschafts- und Technologiepark der belarussischen Nationalen Technischen Universität Polytechnik und dem chinesischen Unternehmen Henan Gaoyuan gegründet wurde. Eines der Ziele seiner Gründung war die Durchführung gemeinsamer Forschungsarbeiten und die Beherrschung neuer Technologien auf dem Gebiet der Planung, des Baus und des Betriebs von Autobahnen. Das Zentrum hat bereits ein System zur Diagnostik von Asphalt-Beton-Straßenbelägen in der Provinz Henan entwickelt, das von chinesischer Seite als internationales Spitzenniveau eingestuft wurde. Das Zentrum arbeitet auch aktiv mit Provinzen in China wie Jilin, Shandong, Heilongjiang und Guangdong zusammen. "Jedes Jahr schließen belarussische Organisationen mit Hilfe des Zentrums Verträge über verschiedene Bildungs- und wissenschaftliche Dienstleistungen im Wert von etwa 1,5 Millionen Dollar ab"[104] . Darüber hinaus arbeiten das BITU und die Nordost-Universität Shenyang an der Möglichkeit, ein

0000022732.html
104 Bogush, V. Bogush, V. Die belarussisch-chinesische Interaktion im Bereich der Bildung und Wissenschaft ist ein echter Beitrag zur Stärkung der Freundschaft zwischen den Völkern / V. Bogush // [Elektronische Ressource]. - 2015. - URL: http://www.belta.by/opinions/view/belorussko-kitajskoe-vzaimodejstvie-v-oblasti- obrazovanija-i-nauki-vno sit-realnyj-vklad-v-ukreplenie-druzhby-4501/

belarussisch-chinesisches Zentrum für fortgeschrittene angewandte Ingenieur- und technisch-wissenschaftliche Forschung zu eröffnen, das zur Durchführung gemeinsamer Forschungsprojekte, zur Entwicklung und Förderung der Kommerzialisierung moderner wissensintensiver Technologien und innovativer Produkte genutzt werden soll.

Das Beispiel der Staatlichen Universität Gomel, benannt nach F. Skaryna, die im Februar 2017 ein Kooperationsabkommen mit der 1896 gegründeten Sichuan-Universität mit Sitz in Chengdu und 28 Instituten, 41 Labors, 9 Forschungsbasen und 16 wissenschaftlichen Einrichtungen geschlossen hat, ist ebenfalls sehr anschaulich. Insgesamt hat die Universität Gomel bereits mehr als 20 Kooperationsabkommen mit chinesischen Universitäten und wissenschaftlichen Zentren unterzeichnet, wobei die produktivsten Beziehungen mit der Nanjing University of Science and Technology, dem Shanghai Professional Institute of Industry, Commerce and Foreign Languages sowie mit der Pädagogischen Universität der Provinz Jiangsu bestehen. Die Staatliche Universität Gomel, die nach F. Skaryna benannt ist, hat ihre Zusammenarbeit mit den chinesischen Partnern insbesondere auf die gemeinsame Arbeit im Bereich der Vakuum-Plasma-Technologien und der Herstellung von Spezialgeräten ausgerichtet. Zu diesem Zweck richteten Gomel und die Nanjing University of Science and Technology bereits 2013 gemeinsame Labore ein, in denen nun die "wissenschaftlichen Grundlagen der plasmachemischen Synthese und die Erforschung der Struktur und Eigenschaften von Nanokomposit-Beschichtungen auf der Basis von Polymeren mit antibakterieller Wirkung"[105] entwickelt werden. Die folgenden Zahlen sprechen Bände: "Seit 1992 haben 335 Bürger der Volksrepublik China an der nach F. Skaryna benannten staatlichen Universität studiert. 140 Personen schlossen ihr Studium mit einem Bachelor ab, 168 mit einem Master und 26 mit einem Spezialisten-Diplom"[106] . In naher Zukunft wird hier das erste regionale

105 Sidortschik, W. Staatliche Universität Gomel, benannt nach Skaryna, kooperiert *mit* 25 Universitäten und Organisationen in China / W. Sidortschik // [Elektronische Quelle]. - 2015. - URL: http://www.belta.by/regions/view/gomelskij- gosuniversitet-imeni-skoriny-sotrudnichaet-s-25 - vuzami-i-i-organizatsijami-kitaja-2080-2015/.
106 Lysenko, Y. Die nach F. Skaryna benannte Universität Gomel baut die Zusammenarbeit mit

Konfuzius-Institut in Belarus eröffnet werden. Die vorrangigen Arbeitsbereiche dieses internationalen Kultur- und Bildungszentrums werden der Unterricht der chinesischen Sprache und die Ausbildung chinesischer Wissenschaftler, der akademische Austausch und die Verbreitung der chinesischen Kultur und Traditionen sein.

Auch die Staatliche Yanka-Kupala-Universität Grodno, die am 1. Februar 2013 eine Absichtserklärung mit der Chongqing-Universität unterzeichnet hat, intensiviert ihre Beziehungen zu chinesischen Partnern. Im Januar 2017 haben die Parteien bereits eine Vereinbarung über die gemeinsame Ausbildung von Spezialisten im Bereich der Informationstechnologien unterzeichnet. Dieses Dokument erweitert die Bereiche der Zusammenarbeit zwischen den Universitäten erheblich, da es auf die Ausbildung von Fachkräften abzielt, die für die sozioökonomische Entwicklung der Länder benötigt werden, sowie auf den Austausch von Lehrpersonal und die Entwicklung von Forschungsaktivitäten. Darüber hinaus "ermöglicht das Abkommen die Einschreibung in gemeinsame Postgraduiertenstudiengänge"[107] . Im August 2016 wurde auch ein Kooperationsabkommen zwischen der Belarussischen Staatlichen Universität und der Guangxi University of Finance and Economics unterzeichnet, die 17 Bildungsinstitute und -einheiten vereint und 25 Bachelor-Studiengänge anbietet. Dieses Dokument "sieht den Austausch von Dozenten für Vorlesungen, Bachelor-, Master- und Postgraduiertenstudenten, Lehrmaterialien und wissenschaftlichen Berichten sowie die Durchführung gemeinsamer Forschungs- und Bildungsprojekte vor" [108] . Im Juli 2016 wurden vier Vereinbarungen über interuniversitäre Kontakte

---

chinesischen Universitäten aus / Y. Lysenko //[Elektronische Ressource]. F. Skaryna erweitert die Zusammenarbeit *mit* chinesischen Universitäten / Y. Lysenko //[Elektronische Ressource   ]. - 2017. - URL: http://www.belta.by/regions/view/gomelskij-universitet-im-fskoriny-rasshirjaet-sotrudnichestvo-s-vuzami-kitaja-234443-2017/
107 Yanka Kupala Die GrSU und die Chongqing-Universität haben sich auf eine gemeinsame Ausbildung von Fachkräften geeinigt [Elektronische Ressource   ]   . 2017. - URL: http://www.belta.by/regions/view/grgu-imjanki-kupaly-i-chuntsinskij-universitet-dogovorilis-o-sovmestnoj-podgotovke- spetsialistov-230701-2017/
108 Die BSU und die Guangxi University of Finance and Economics haben eine Kooperationsvereinbarung unterzeichnet [Elektronische Ressource]. - 2016. - URL:

unterzeichnet: zwischen der Belarussischen Nationalen Technischen Universität und der Universität für Wirtschaft und Finanzen in Lanzhou, der Belarussischen Staatlichen Technischen Agraruniversität und der Agraruniversität in Gansu, der Belarussischen Staatlichen Agrarakademie und der Agraruniversität in Gansu sowie der Belarussischen Staatlichen Universität für Wirtschaft und der Universität für Wirtschaft und Finanzen in Lanzhou.

Die Dynamik der Zusammenarbeit zwischen Belarus und China im Bildungsbereich wird durch folgende Zahlen ergänzt: Allein im Studienjahr 2014/15 studierten 1.851 chinesische Studenten an belarussischen Hochschulen. Was die Gesamtzahl der ausländischen Staatsangehörigen betrifft, die zum Studium nach Belarus kamen, lag China nach Turkmenistan an zweiter Stelle, noch vor Russland, Nigeria und dem Iran. Interessant ist, dass "chinesische Bürger in Belarus philologische Fachrichtungen wählen. Sie interessieren sich auch für internationale Beziehungen, internationalen Journalismus, Recht und wirtschaftliche Fachgebiete"[109] . In Weißrussland selbst wird die chinesische Sprache ab der ersten Klasse als Grundsprache unterrichtet, und seit 2015 legen die Bewerber zentralisierte Tests in diesem Fach ab. Darüber hinaus studierten im Studienjahr 2014/15 mehr als 600 belarussische Studenten in China.

All diese Fakten zeigen, dass die Förderung von Wissenschaft und Innovation in der belarussisch-chinesischen Interaktion zu einem echten Instrument für die Umsetzung von Integrationsprozessen im Rahmen der Initiative "One Belt and One Road" wird. Darüber hinaus wurde auf dem Zweiten Forum der Vereinigung der Wissenschafts- und Technologieparks, Hoch- und Neutechnologiezonen "Seidenstraße", das im Mai 2017 in Minsk stattfand, betont, dass sich "die wissenschaftliche und technologische Zusammenarbeit zwischen China und Belarus kontinuierlich entwickelt" [26] und bei der Umsetzung der Integrationsprozesse im Rahmen der Initiative "Ein Gürtel und

http://www.belta.by/society/view/bgu-i-   universitet-finansov-i-ekonomiki-guansi-podpisali-soglashenie-o-sotrudnichestvo-207125-2016/.
109 Jedes Jahr studieren etwa 2 Tausend Chinesen an belarussischen Universitäten [Elektronische Quelle]. - 2015. - URL: http://www.belta.by/society/view/ezhegodno-v-belorusskih-vuzah-obuchaetsja-okolo-2-tys - grazhdan-kitaja-173360-2015/.

eine Straße" immer mehr an Bedeutung gewinnt[110] [26] und wird zu einem immer wichtigeren Beispiel für die Verbesserung der Innovationsinfrastruktur und den Ausbau der wissenschaftlichen und innovativen Zusammenarbeit in den Ländern entlang der neuen Seidenstraße. Am Rande sei erwähnt, dass der Verband der Wissenschafts- und Technologieparks, Hoch- und Neutechnologiezonen "Seidenstraße" vor kurzem - im Juli 2016 - mit Unterstützung des chinesischen Ministeriums für Wissenschaft und Technologie gegründet wurde. Ihm gehören Wissenschafts- und Technologieorganisationen, Forschungsinstitute, Agenturen, die entsprechende Dienstleistungen anbieten, sowie Forschungseinrichtungen aus verschiedenen Ländern an. Allein die Tatsache, dass das zweite Forum der jungen Vereinigung in Minsk stattfand und Vertreter von mehr als zehn Ländern daran teilnahmen, unterstreicht einmal mehr den positiven Einfluss der Republik Belarus auf die Entwicklung der Wissenschafts- und Innovationskomponente der chinesischen Initiative "Ein Gürtel und eine Straße" nicht nur im bilateralen, sondern auch im multilateralen Format.

---

110 Wissenschaftliche und technische Zusammenarbeit zwischen China und Belarus entwickelt sich ständig weiter - Luo
Zhanhui [Elektronische Ressource]. - 2017. - Modus des Zugangs:
http://www.belta.by/society/view/nauchno-tehnicheskoe-sotrudnichestvo-kitaja-i-belarusi-neprervyno-razvivaetsja-lo-chzhanhoj-248817-2017/. - Datum des Zugriffs: 23.05.2017.

Belarus - Hunan: Von Berührungspunkten zur Partnerschaftslinie

Im April 2017 wurde das Abkommen über die Aufnahme freundschaftlicher Beziehungen zwischen der chinesischen Provinz Hunan und der belarussischen Region Mogilev unterzeichnet. Diese Tatsache ist ein weiteres beredtes Beispiel für den Kurs einer umfassenden strategischen Partnerschaft und einer für beide Seiten vorteilhaften Zusammenarbeit, den die Republik Belarus und die Volksrepublik China heute verfolgen und bei dem "die interregionale Interaktion zu einer Lokomotive in den Beziehungen zwischen den beiden Ländern werden soll"[111]. Schließlich ist die Provinz Hunan nicht nur eine Agrar-, sondern auch eine bedeutende Industrieregion, die sich erfolgreich entwickelt und in China eine Vorreiterrolle einnimmt. Es genügt zu sagen, dass hier etwa 70 Millionen Menschen leben und die Provinz in Bezug auf das Bruttoinlandsprodukt auf Platz 9 des Landes steht. Außerdem ist Hunan der Geburtsort von Mao Zedong, der ein neues China schuf"[112].

Die unterzeichnete Vereinbarung war eine natürliche Fortsetzung der bereits bestehenden Partnerschaft zwischen den Parteien, die im Sommer 2016 ein Memorandum über die Zusammenarbeit verabschiedeten, das die Gründung einer gemeinsamen GmbH "Zoomlion - MAZ" ermöglichte, die von dem chinesischen Unternehmen Zoomlion und der AG "Minsker Automobilwerk" gegründet wurde und deren Produktionsbasis die Unternehmen der Region Mogilev - "Mogilevtransmash" und "Strommashina" - wurden. Auf ihrem Gelände werden die Parteien "die Produktion von Spezialausrüstungen für den Bau- und Kommunalbereich organisieren, darunter Autokräne, Betonmischer, Betonpumpen, LKW-Aufzüge,

---

111 Treffen mit Du Jiahao, Sekretär des Provinzkomitees Hunan der Kommunistischen Partei Chinas [Elektronische Quelle]. - 2017. - URL: http://president.gov.by/ru/news_ru/view/vstrecha-s-sekretarem-komiteta-kommunisticheskoj-partii-kitaja-provintsii-xunan-du-tszjaxao-16018/.
112 Grishkevich, A. Die Zusammenarbeit zwischen Weißrussland und Hunan sollte ein Modell für andere chinesische Provinzen werden - Du Jiahao / A. Grishkevich // [Elektronische Quelle]. - 2017. - URL: http://www.belta.by/politics/view/sotrudnichestvo-belarusi-i-hunanja-dolzhno-stat-obraztsom-dlja-drugih-kitajskih-provintsij-du-tszjahao-242496-2017/.

Reinigungs- und Feuerlöschfahrzeuge"[113] . Das neue Abkommen zwischen der chinesischen Provinz und der belarussischen Region, das auf den Grundsätzen der Gleichheit und des gegenseitigen Nutzens beruht, wird den Austausch und die Zusammenarbeit in den Bereichen Wirtschaft, Handel, Tourismus, Kultur, Bildung und Ausbildung von Fachkräften ausweiten.

Darüber hinaus hofft Weißrussland, dass das chinesische Unternehmen Zoomlion, das im Februar 2017 in der freien Wirtschaftszone "Mogilev" ein Joint Venture für die Produktion von Spezialgeräten für das Bauwesen und die Kommunalwirtschaft registriert hat, im chinesisch-weißrussischen Industriepark "Velikiy Kamen", wo mit seiner Beteiligung im April 2017 der Grundstein für das Werk zur Herstellung von Ausrüstungen für weißrussisch-chinesische Spezialgeräte gelegt wurde, in noch größerem Umfang expandieren kann. Allein die Tatsache, dass dieser Bau begonnen hat, spricht Bände. Immerhin schafft die belarussische Seite in diesem Park eine leistungsfähige Infrastruktur und räumt jenen Investoren ernsthafte Präferenzen ein, die das Ergebnis "in Form der Ankunft von Hochtechnologien, der Schaffung von exportorientierten Produktionsanlagen mit einem garantierten Absatzmarkt"[114] liefern werden.

So wird das neue Werk in zwei Jahren "Straßenbau-, Bau- und Kommunaltechnik produzieren. Die Anfangsinvestitionen belaufen sich auf etwa 50 Mio. USD. In naher Zukunft soll das Unternehmen Produkte im Wert von bis zu 300 Mio. USD pro Jahr herstellen"[115] . Das Arbeitsschema sieht folgendermaßen aus: Im Smolevichi-Bezirk

113 Emelyanova, O. Abkommen über die Aufnahme freundschaftlicher Beziehungen zwischen der Provinz Hunan und dem Gebiet Mogilev / O. Emelyanova // [Elektronische Quelle]. - 2017. - URL: http://www.belta.by/regions/view/soglashenie-ob-ustanovlenii-druzhestvennyh-otnoshenij-podpisali-provintsija-hunan-i-mogilevskaja-oblast-242796-2017/
114 Treffen mit Zhang Dejiang, Vorsitzender des Ständigen Ausschusses des Nationalen Volkskongresses [Elektronische Quelle] . 2017. - URL: http://president.gov.by/ru/news ru/view/vstrecha-s-predsedatelem-postojannogo-komiteta-vsekitajskogo-sobranija-narodnyx-predstavitelej-chzhan-16055/.
115 Ogneva, Y. In zwei Jahren soll in "Welikiy Kamen" ein Werk für die Herstellung von Ausrüstungen für Spezialfahrzeuge eröffnet werden / Y. Ogneva // [Elektronische Quelle]. - 2017. - URL: http://www.belta.by/economics/view/zavod-po-sozdaniju-oborudovanija-dlja-spetstehniki-planiruetsja-otkryt-v-velikom-kamne-cherez-dva-goda-242899-2017

der Region Minsk werden chinesische Anbaugeräte hergestellt, von dort aus werden sie nach Mogilev transportiert und dort auf belarussischen Fahrgestellen in den freien Räumlichkeiten von "Mogilevtransmash" installiert, um Spezialmaschinen zu fertigen. Es wird erwartet, dass die Zahl der Beschäftigten in diesem Unternehmen im Industriepark etwa fünfhundert betragen wird.

Die Produkte der künftigen Anlage sollen zunächst in die Länder der Eurasischen Wirtschaftsunion, die Gemeinschaft Unabhängiger Staaten und möglicherweise nach Europa geliefert werden, da diese Anlagen "in Bezug auf technische Parameter, Preis und Qualität absolut wettbewerbsfähig" sind. Das Niveau der Ausrüstung ist Weltklasse, und der Preis ist deutlich niedriger"[116] . Dies erklärt sich aus der Tatsache, dass Minsk Automobile Plant und Zoomlion bereits Erfahrung in der Entwicklung und Zertifizierung verschiedener Arten von Maschinen haben - Autokräne mit einer Tragfähigkeit von 40 und 60 Tonnen, ein Kommunalfahrzeug. Darüber hinaus müssen "die Spezialisten noch vor Dezember 2017 den Markt studieren und 8 neue Modelle entwickeln, die im nächsten Jahr in die Serienproduktion gehen werden"[117] .

Was andere vielversprechende Bereiche der Zusammenarbeit mit der Provinz Hunan betrifft, so plant das Gebiet Mogilev, die Lieferung von Lebensmitteln und vor allem von Milchprodukten an die chinesischen Partner zu organisieren - Joghurts, Eiscreme, Milch, deren Nachfrage in China derzeit spürbar steigt. Es sieht vielversprechend aus, Investoren aus dieser Provinz in die freie Wirtschaftszone "Mogilev" sowie in sieben Bezirke der Pridneprovsky Krai zu locken, die an die Russische Föderation grenzen und unter den Erlass des Präsidenten von Belarus "Über die soziale und wirtschaftliche Entwicklung der südöstlichen Region des

116 Ogneva, Y. Zoomlion Anlage im Park "Velikiy Kamen" hat ein großes Exportpotenzial - Semashko / Y. Ogneva // [Elektronische Ressource]. - 2017. - URL: http://www.belta.by/economics/view/zavod-zoomlion-v-parke-velikij-kamen-obladaet-bolshim-eksportnym-potentsialom-semashko-242901-2017/
117 Zoomlion wird in "Velikiy Kamen" ein Werk zur Herstellung von Ausrüstungen für Spezialfahrzeuge errichten [Elektronische Quelle]. - 2017. - URL: http://www.belta.by/newscompany/view/zoomlion-_postroit-v-velikom-kamne-zavod-po-sozdaniju-oborudovanija-dlja-spetstehniki-242736-2017/.

Gebiets Mogilev" fallen. Dieses Dokument ist dafür bekannt, dass es Investoren, die hierher kommen, um ihre Projekte zu verwirklichen, erhebliche Vorteile bietet.

Zu den vorrangigen Bereichen, die in der Region Mogilev für Investitionen chinesischer Partner in Frage kommen, gehören die Verarbeitung landwirtschaftlicher Produkte, alternative Energien sowie High-Tech-Industrien, die mit der Gewinnung und Verarbeitung lokaler Mineralien zusammenhängen. Insbesondere geht es um lokale Torfabbauunternehmen, die mit der chinesischen Seite eine Zusammenarbeit bei der Torfgewinnung und der Herstellung von mineralischen Mehrnährstoffdüngern auf seiner Basis organisieren könnten, um sie nicht nur in China, sondern auch auf den Märkten anderer Länder zu verkaufen. Denn "China ist heute daran interessiert, seine Böden mit staatlicher Unterstützung wiederherzustellen, und dies erfordert fruchtbare Qualitätsdünger auf der Basis von Legnin und Torf. Dies ist ein echtes Investitionsprojekt, das für die westlichen Bezirke der Region Mogiljow, wo es große Vorkommen an Hochtorf gibt, wirtschaftlich sinnvoll sein kann"[118].

Ein weiteres interessantes Projekt wurde 2015 in Angriff genommen, als das Unternehmen Mogilevliftmash begann, gemeinsam mit chinesischen Partnern Rolltreppen zu produzieren. "Die Schaffung einer neuen Produktion hängt von der Marktnachfrage ab. <...> Neue Produkte sind heute sowohl auf dem inländischen als auch auf dem ausländischen Markt gefragt, unter anderem im Zusammenhang mit dem aktiven Bau großer Einkaufs- und Unterhaltungszentren, dem Bau und der Entwicklung von U-Bahnen"[119]. Darüber hinaus planen die Einwohner von Mogilev, Aufzüge mit chinesischen Kontrollstationen auszustatten und diese in Länder der Dritten Welt zu verkaufen.

---

118 Kuljagin, S. Investitionsprojekte für 200 Millionen Dollar sind in der Region Mogilew für die Entwicklung der chinesischen Kredite vorbereitet / S. Kuljagin // [Elektronische Ressource]. - 2015. - URL: http://www.belta.bv/regions/view/investproektv-na-200-mln-podgotovlenv-v-mogilevskoi-oblasti- dlja-osvoenija-kitajskih-kreditov-174377-2015/.
119 "Mogilevliftmash" begann mit der Gründung eines Joint Ventures mit chinesischen Partnern zur Herstellung von Rolltreppen [Elektronische Quelle] . 2015. - URL: http://mogilev-region.gov.bv/news/mogilevliftmash-pristupil-k-sozdanivu-sp-s-kitavskimi-partners-po- vypusku-eskalatorov

Eine wichtige Richtung in der Entwicklung der interregionalen Partnerschaft, die auch in der Provinz Hunan und der Region Mogilev geplant ist, wird auf der Stärkung der Beziehungen zwischen den Städten der beiden Regionen basieren. Und "die Möglichkeit der Unterzeichnung eines Kooperationsabkommens zwischen dem Verwaltungszentrum der Provinz Hunan, der Stadt Changsha, und Mogilev wird bereits in Betracht gezogen"[120].

---

120 Emelyanova, O. Abkommen über die Aufnahme freundschaftlicher Beziehungen zwischen der Provinz Hunan und dem Gebiet Mogilev / O. Emelyanova // [Elektronische Quelle]. - 2017. - URL: http://www.belta.by/regions/view/soglashenie-ob-ustanovlenii-druzhestvennyh-otnoshenij-podpisali-provintsija-hunan-i-mogilevskaja-oblast-242796-2017/

Region Brest - Provinzen Chinas: Perspektiven einer für beide Seiten vorteilhaften Zusammenarbeit

Die Region Brest gehört zu den belarussischen Regionen, die in der Entwicklung der Beziehungen mit der Volksrepublik China reale Aussichten auf eine Steigerung des Volumens der für beide Seiten vorteilhaften Handels- und Wirtschaftskooperation sehen und daher den Umfang der Interaktion schrittweise erhöhen. Es genügt zu sagen, dass im Januar-Februar 2017 die Unternehmen der Region Brest dank dem Export von Steinprodukten, Flachs und Milchprodukten Waren im Wert von 1,5 Millionen Dollar auf den chinesischen Markt geliefert haben, was 42 Prozent mehr als im gleichen Zeitraum 2016 ist. Außerdem "plant die Region Brest, die Lieferungen auf 10 Millionen Dollar zu erhöhen und damit um mehr als ein Viertel des Niveaus von 2016 zu steigern"[121] . Gleichzeitig erfolgt die Aktivierung der Beziehungen zu den chinesischen Partnern in mehrere Richtungen gleichzeitig.

Erstens geht es um die Anziehung von Investitionen aus China in die Wirtschaft der Region. Bereits Ende 2015 hat die belarussische Seite damit begonnen, die Finanzierung einer Reihe von Projekten in der Region Brest auf Kosten chinesischer Investoren auszuarbeiten. Dazu gehören "der Bau des Volat-Batteriewerks in Beloozersk, einer Anlage zur Herstellung von Methylethern in der FEZ und der Wiederaufbau des interdistriktalen onkologischen Ambulatoriums in Pinsk"[122] . Zu den jüngsten Beispielen in diesem Zusammenhang gehört die Inbetriebnahme eines Inspektions- und Screening-Komplexes für die Kontrolle von Gütern, die mit der Eisenbahn befördert werden, im Februar 2017 im Bereich des Zarechitsa-Parks des Bahnhofs Brest-Severny im Rahmen eines zwischenstaatlichen Abkommens zwischen Belarus und China. "Die Gesamtinvestition zur Finanzierung des Projekts

---

121 Chernovolova, A. Die Region Brest plant 2017 eine Steigerung der Exporte nach China auf bis zu 10 Millionen Dollar / A. Chernovolova // [Elektronische Ressource]   .- 2017.   - URL: http://www.belta.by/regions/view/brestskaja-oblast-v-2017-godu-planiruet-narastit-eksport-v-kitaj-do-10-mln-244339-2017/
122 Vechorko, S. Expansion der Exporte wird als Hauptfaktor des Wirtschaftswachstums in der Region Brest im Jahr 2016 identifiziert / S. Vechorko // [Elektronische Ressource]. - 2015. - URL: http://www.belta.by/regions/view/rasshirenie-eksporta-opredeleno-glavnym-faktorom-rosta-ekonomiki-brestskoj-oblasti-v-2016-godu-175763-2015/.

betrug 39 Millionen Yuan, das sind etwa 5,5 Dollar"[123] . Dieser Komplex ist mit einer Schnellinspektionstechnologie ausgestattet, die zum "Durchleuchten" von Waggons eingesetzt wird. Die Geschwindigkeit des Zuges muss zwischen 8 und 30 Stundenkilometern liegen. Es sei auch an die Registrierung des Unternehmens "CRRC-KUEC ZheldorTekhnieka" in Baranowitschi erinnert, in das chinesische Investoren eine Million Dollar investiert haben. Im Jahr 2018 soll in der freien Wirtschaftszone "Brest" ein Unternehmen für die Produktion von LEDs in Betrieb genommen werden, das ebenfalls Investitionen aus China angezogen hat. Insgesamt haben die Einwohner von Brest bereits 37 Investitionsprojekte an die chinesischen Partner zur mittelfristigen gemeinsamen Umsetzung übergeben.

Der zweite strategische Bereich der Zusammenarbeit zwischen der Region Brest und China ist die vollständige Stärkung der interregionalen Kontakte. Zu den wichtigsten Partnern der belarussischen Region in dieser Hinsicht gehören die Provinzen Hubei, Anhui und Henan. Insbesondere die Zusammenarbeit mit der Provinz **Hubei hat eine** mehr als 20-jährige Geschichte. "In dieser Zeit sind auch Brest und Xiaogan, Baranowitschi und Chibi, die in diesen Regionen liegen, zu Partnerstädten geworden"[124] . Das Zusammenspiel der Partnerstädte hat das nötige Potenzial, sich zum wichtigsten Instrument der interregionalen belarussisch-chinesischen Zusammenarbeit zu entwickeln. So kann Xiaogan ein Sprungbrett für Brester Exporteure werden, um den chinesischen Markt zu erschließen. Aus diesem Grund haben Partner aus dieser Partnerstadt bereits "Brester Verarbeitungsunternehmen eine Zusammenarbeit bei der Lieferung von Fleisch- und Milchprodukten nach China angeboten"[125] . Ein neues Paar von Partnerstädten aus der Region Brest und der

123 Vechorko, S. Inspektions- und Prüfkomplex für das Scannen von Güterzügen wird in Brest eingeführt / S. Vechorko // [Elektronische Ressource]. - URL: http://www.belta.by/regions/view/inspektsionno-dosmotrovyj-kompleks-dlja-skanirovanija-gruzovyh-poezdov-vveden-v-breste-233118-2017/
124 Zalessky, B. Internationale Beziehungen und Medien. Merkmale der multisektoralen internationalen Zusammenarbeit in der Zeit der globalen Herausforderungen / B. Zalessky. - Palmarium Academic Publishing : Saarbrücken, Deutschland / Germany, 2016. - C. 219.
125 Chernovolova, A. Chinesische Unternehmen sind an einer Zusammenarbeit mit den Verarbeitungsbetrieben von Brest interessiert / A. Chernovolova // [Elektronische Quelle]. - 2015. - URL: http://www.belta.by/regions/view/kitajskie-kompanii-zainteresovany-v-sotrudnichestve-s-pererabatyvajuschimi-predprijatijami-bresta-167088-2015/

Provinz Hubei - Pinsk und Xiang Yang, die im April 2017 ein Kooperationsabkommen unterzeichnet haben, könnte eine vielversprechende Zusammenarbeit eingehen. Dieses Dokument sieht die Entwicklung eines für beide Seiten vorteilhaften Handels und einer wirtschaftlichen, wissenschaftlichen, technischen und kulturellen Zusammenarbeit vor. Und die Chancen, die sich hier bieten, sind beträchtlich. Immerhin leben in Xiang Yang, das im zentralen Teil Chinas liegt, "6 Millionen Menschen. Die Stadt ist etwa 2,8 Tausend Jahre alt. Viele Sehenswürdigkeiten aus der alten Periode der chinesischen Geschichte sind dort erhalten geblieben. Landwirtschaft, Maschinenbau und Elektronik sind in Xiang Yang gut entwickelt" [126].

Was die Provinz **Anhui betrifft, so wurde** im Dezember 2016 ein Absichtsprotokoll mit ihren Vertretern unterzeichnet, um partnerschaftliche Beziehungen in den Bereichen Wirtschaft, Industrie, Landwirtschaft, Bildung und Tourismus aufzubauen. Es wird erwartet, dass "auf der Grundlage dieses Dokuments ein Kooperationsabkommen zwischen der Region Brest und der Provinz Anhui geschlossen wird"[127]. Gleichzeitig erörterten die Parteien die ersten konkreten Projekte dieser interregionalen Zusammenarbeit. Insbesondere das Unternehmen JAC Motors, das Kleinbusse herstellt, bekundete sein Interesse an der Gründung eines Gemeinschaftsunternehmens mit Brestmash zur Herstellung von Kleinwagen und Kleinbussen mit guten Exportchancen.

Ein weiteres gemeinsames Projekt wurde kürzlich während des Aufenthalts von Vertretern eines ausländischen Bauunternehmens aus der Provinz Anhui in Belarus erörtert, die die Möglichkeiten der Gewinnung von Bodenschätzen in unserem Land untersuchten. In der Region Brest wurde ihnen der Bau einer Abbau- und

---

126 Pinsk und das chinesische Xiang Yang unterzeichneten ein Abkommen über die Zusammenarbeit [Elektronische Ressource]. - 2017. - URL: http://www.belta.by/regions/view/pinsk-i-kitajskij-sjan-jan-podpisali- soglashenie-o-sotrudnichestve-243097-2017/
127 Chernovolova, A. Chinesisches Unternehmen ist an der Schaffung einer gemeinsamen Produktion mit "Brestmash" interessiert / A. Chernovolova // [Elektronische Quelle]. - 2016. - URL: http://www.belta.by/regions/view/kitajskaja-kompanija-zainteresovana-sozdat-sovmestnoe-proizvodstvo-s-brestmashem-222370-2016/.

Verarbeitungsanlage in der Lagerstätte Gorodnoe im Bezirk Stalin angeboten, wo Quarzsand gefunden wird, der für die Herstellung von Baumaterialien und in der Glasindustrie verwendet werden kann. Die Fähigkeiten der Anhui Foreign Economic Construction Corporation sind in der Region Brest bereits bekannt, da sie hier eine Ausschreibung für den Bau von Wohngebäuden im Rahmen eines Generalvertrags mit technischer und wirtschaftlicher Unterstützung aus China gewonnen hat. Jetzt werden in dieser belarussischen Region vier 10-stöckige Häuser nach dem Standardprojekt gebaut, in denen jeweils Sozialwohnungen untergebracht werden. Zwei davon entstehen in den Neubauvierteln von Brest - Süd-Ost Nr. 4 und Süd-West Nr. 3. Zwei weitere mehrstöckige Plattenbauten werden im Zagorski-Mikrodistrikt von Pinsk entstehen. Gleichzeitig ist "der Bau von vier mehrstöckigen Gebäuden die erste Etappe des gemeinsamen Projekts. Die zweite Phase sieht den Bau von drei weiteren Mehrfamilienhäusern mit sozialer Nutzung vor: je eines in Baranavichy, Pinsk und Zhabinka"[128] .

Eine weitere chinesische Region, mit der die Region Brest ein Kooperationsabkommen zu unterzeichnen beabsichtigt, ist die Provinz **Henan**. Zumindest hofft das Exekutivkomitee der Region Brest, dass "die Unterschriften unter die Abkommen mit der Provinz Henan möglicherweise im Jahr 2017 gesetzt werden"[129] . Unter den Teilnehmern des zweiten Forums für Geschäftskontakte Brest 2017", das Ende April 2017 stattfand, waren unter den Geschäftsleuten aus 14 Ländern gleich vier Unternehmen aus der Provinz Henan vertreten, zu deren beruflichen Interessen die Fragen der Investitionen und des Exports belarussischer Waren nach China gehören. Es handelt sich um Zhong Bai Shiye, Navigation built antisepsis installation engineering, The Yellow River explosion-proof crane und Yuan Henry jewellery. Es ist zu erwarten, dass die Kontakte zwischen den Vertretern

128 Chernovolova, A. Die mit chinesischem Kapital gebauten Häuser in der Region Brest werden Anfang 2017 geliefert / A. Chernovolova // [Elektronische Quelle]. - 2016. - URL: http://www.belta.by/regions/view/postroennye-s-privlecheniem-kitajskogo-kapitala-doma-v-brestskoj-oblasti-sdadut-v-nachale-2017- goda-220261-2016/.
129 Chernovolova, A. Die Region Brest plant die Unterzeichnung eines Kooperationsabkommens mit den Provinzen Anhui und Henan / A. Chernovolova // [Electronic resource]. - 2016. - URL: http://www.belta.by/regions/view/brestskaja-oblast-planiruet-podpisat-dogovory-o-sotrudnichestve-s-provintsijami-anhoj-i-henan-212791-2016/.

der Geschäftswelt der beiden Parteien in naher Zukunft den Weg für eine umfassende Zusammenarbeit zwischen dem Gebiet Brest und der Provinz Henan in allen Bereichen der interregionalen Partnerschaft ebnen werden.

Belarus-Syrien: von der Stabilisierung zur Zusammenarbeit

Die Arabische Republik Syrien ist einer der wichtigsten Partner der Republik Belarus im Nahen Osten. Die diplomatischen Beziehungen zu diesem Land wurden bereits 1993 aufgenommen. Seitdem ist die politische Interaktion mit diesem Land durch ein hohes Niveau und die Regelmäßigkeit der zwischenstaatlichen Kontakte, die Übereinstimmung der Ansätze von Minsk und Damaskus zur Lösung der meisten internationalen Probleme und die gegenseitige Unterstützung in internationalen Organisationen gekennzeichnet. Auf wirtschaftlichem Gebiet entwickelt sich die Zusammenarbeit zwischen den beiden Ländern stetig weiter, was sich in der Lieferung von Hunderten belarussischer Lastkraftwagen auf den syrischen Markt und in der gründlichen Ausarbeitung eines Projekts für die Montage belarussischer Automobilausrüstung zeigt. Aufgrund der Verschärfung der internen Situation in Syrien im Jahr 2011 musste die Umsetzung dieser Pläne verlangsamt werden. Doch selbst in der für Damaskus schwierigsten Zeit zeigte sich die belarussische Seite "überzeugt von der erfolgreichen Erholung Syriens von der Krise und vom Interesse an der weiteren Entwicklung und Stärkung der bilateralen Beziehungen in allen Bereichen"[130] .

Das höchste Niveau der belarussisch-syrischen Interaktion wurde im Jahr 2008 verzeichnet, als sich der bilaterale Handel auf 85,5 Mio. USD belief. Fünf Jahre später sank dieser Indikator aufgrund der bekannten Ereignisse in diesem Land um fast das Zehnfache auf 8,9 Mio. USD. Doch schon 2014 zeigte sich die Dynamik der beginnenden Überwindung der Krise auf syrischem Boden, die in Minsk Hoffnungen auf die "Wiederherstellung des zuvor bestehenden Niveaus der bilateralen Zusammenarbeit"[131] weckte. Dies spiegelte sich unmittelbar in einem rasanten Anstieg der belarussischen Exporte nach Syrien auf 32,2 Mio. USD und einem

---

130 Alexander Lukaschenko gratuliert Baschar al-Assad zu seiner Wahl zum Präsidenten der Arabischen Republik Syrien [Elektronische Quelle]   .   2015. - URL: http://president.gov.by/ru/news   ru/view/aleksandr-lukashenko-pozdravil-bashara-asada-s-izbraniem-na-post-prezidenta-sirijskoj-arabskoj-respubliki-8994/
131 Präsident von Belarus nahm Beglaubigungsschreiben entgegen [Elektronische Ressource]. - 2014. - URL: http://president.gov.by/ru/news   ru/view/prezident-belarusi-prinjal-veritelnye-gramoty-10410/.

Gesamthandelsumsatz von 33,8 Mio. USD wider. Belarussische Halbfertigprodukte aus unlegiertem Stahl, Instrumente, Medikamente und Flüssigkristallgeräte begannen ihre Nische auf dem syrischen Markt zu finden. Vor dem Hintergrund einer offensichtlichen Wiederbelebung der Handels- und Wirtschaftsbeziehungen im Jahr 2015 suchten Minsk und Damaskus aktiv nach neuen Bereichen der Zusammenarbeit, um "das frühere Niveau des Handelsumsatzes in den besten Jahren nicht nur wiederherzustellen, sondern um ein Vielfaches zu übertreffen"[132]. Gleichzeitig beschlossen die Parteien, das Prinzip der gegenseitigen Komplementarität einzuhalten, wonach Weißrussland Produkte herstellt, an denen Syrer interessiert sind, während Syrien eine Reihe von Waren hat, an denen Weißrussen interessiert sind.

Es sei daran erinnert, dass die Regierung dieses Landes, als sich 2014-2015 in den zentralen Regionen Syriens und in der Umgebung von Damaskus eine Tendenz zur Stabilisierung im Sicherheitsbereich abzeichnete, sofort ihr Interesse "an der Entwicklung der Handels- und Investitionszusammenarbeit, an der Wiederaufnahme und dem Ausbau der Kooperationsbeziehungen mit den Ländern, die in den schwierigsten Momenten der Tortur <...> ihre politische, wirtschaftliche und sonstige Unterstützung nicht eingestellt haben"[133] bekundet hat. Zu diesen Staaten gehört auch Belarus, das 2016 erhebliche Möglichkeiten sieht, die Interaktion mit seinen syrischen Partnern im gesamten Spektrum der bilateralen Beziehungen zu intensivieren, die auf einem Rechtsrahmen von anderthalb Dutzend Dokumenten beruhen. Dazu gehören Abkommen über den Handel, die wirtschaftliche und technische Zusammenarbeit, die Förderung und den gegenseitigen Schutz von Investitionen, die Vermeidung von Doppelbesteuerung, die militärisch-technische Zusammenarbeit, die Zusammenarbeit in den Bereichen Bildung, Wissenschaft und

---

132 Materialien der Pressekonferenz zu den Ergebnissen des Besuchs des belarussischen Außenministers Vladimir Makei in Syrien (9. Februar 2015, Damaskus) [Elektronische Ressource]. - URL: http://mfa.gov.by/press/news_mfa/b49e0d253459ccba.html
133 Das Projekt zur Errichtung eines Montagewerks für belarussische Automobile in Syrien wurde wieder aufgenommen [Elektronische Quelle] . 2015. - URL: http://www.belta.by/economics/view/vozobnovlena-prorabotka-proekta-sozdanija-v-sirii-sborochno go-proizvodstva-belorusskoj-avtotehniki-155561-2015/

Kultur, die Luftverkehrskommunikation, die wissenschaftliche und technische Zusammenarbeit sowie den internationalen Personen- und Güterkraftverkehr. Darüber hinaus gibt es Abkommen über den Zahlungsverkehr, den agro-industriellen Komplex, die Veterinärmedizin, Quarantäne und Pflanzenschutz sowie die Massenmedien.

Die Beziehungen im Informationsbereich zwischen Belarus und Syrien beruhen auf den Bestimmungen des einschlägigen Abkommens vom 11. März 1998, des Abkommens über die Zusammenarbeit zwischen der Nationalen Staatlichen Fernseh- und Rundfunkgesellschaft der Republik Belarus und der Allgemeinen Organisation für Fernsehen und Rundfunk Syriens vom 12. November 2007 und der Vereinbarung zwischen der Belarussischen Telegraphischen Agentur und der Syrisch-Arabischen Nachrichtenagentur (SANA) vom 27. November 2008. In diesen Dokumenten wird "die Bedeutung einer objektiven Informationsunterstützung für die zwischenstaatliche Zusammenarbeit" festgestellt. Die Rolle der Massenmedien bei der Stärkung des gegenseitigen Verständnisses zwischen Ländern und Völkern wird besonders hervorgehoben"[134].

Das thematische Spektrum der belarussisch-syrischen Zusammenarbeit wird derzeit aktiv erweitert. Dazu gehören die Zusammenarbeit im Bereich der elektrischen Energie, die Wiederaufnahme der Lieferungen von belarussischen Kraftfahrzeugen auf den syrischen Markt, die Einrichtung einer Montageproduktion von Maschinen des Minsker Automobilwerks in Syrien, die Ausweitung der regionalen Zusammenarbeit, die Lieferung von belarussischen Baumaschinen für den Bedarf an öffentlichen Arbeiten im Zusammenhang mit dem Wiederaufbau Syriens. Schließlich die Zusammenarbeit in Wissenschaft und Technologie, in deren Rahmen heute "belarussische und syrische wissenschaftliche Institute 7 'Pilot'-Verträge für gemeinsame Forschungs- und Entwicklungsarbeiten unterzeichnet haben"[135] . In

---

134 Zusammenarbeit zwischen Belarus und Syrien im Bereich der Information [Elektronische Ressource]. - 2015. - URL: http://mininform.gov.by/special/ru/news-ru/view/sotrudnichestvo-belarusi-i-sirii-v- informatsionnoj-sfere-275/.
135 Zusammenarbeit in den Bereichen Wissenschaft, Bildung und Kultur [Elektronische Ressource]. - 2015. - URL: http://syria.mfa.gov.by/ru/bilateral

diesem Zusammenhang ist es die Aufgabe der Journalisten, diese Trends in den Medien umfassend zu reflektieren.

Printed by Books on Demand GmbH, Norderstedt / Germany